ROMENO
VOCABULÁRIO

PORTUGUÊS BRASILEIRO

PORTUGUÊS
ROMENO

Para alargar o seu léxico e apurar
as suas competências linguísticas

3000 palavras

Vocabulário Português Brasileiro-Romeno - 3000 palavras

Por Andrey Taranov

Os vocabulários da T&P Books destinam-se a ajudar a aprender, a memorizar, e a rever palavras estrangeiras. O dicionário é dividido em temas, cobrindo todas as principais esferas de atividades quotidianas, negócios, ciência, cultura, etc.

O processo de aprendizagem, utilizando os dicionários baseados em temáticas da T&P Books dá-lhe as seguintes vantagens:

- Informação de origem corretamente agrupada predetermina o sucesso em fases subsequentes da memorização de palavras
- Disponibilização de palavras derivadas da mesma raiz, o que permite a memorização de unidades de texto (em vez de palavras separadas)
- Pequenas unidades de palavras facilitam o processo de estabelecimento de vínculos associativos necessários para a consolidação do vocabulário
- O nível de conhecimento da língua pode ser estimado pelo número de palavras aprendidas

T&P Books Publishing
www.tpbooks.com

ISBN: 978-1-78767-431-8

Este livro também está disponível em formato E-book.
Por favor visite www.tpbooks.com ou as principais livrarias on-line.

VOCABULÁRIO ROMENO
palavras mais úteis

Os vocabulários da T&P Books destinam-se a ajudar a aprender, a memorizar, e a rever palavras estrangeiras. O vocabulário contém mais de 3000 palavras de uso comum organizadas tematicamente.

O vocabulário contém as palavras mais comummente usadas

Recomendado como adicional para qualquer curso de línguas

Satisfaz as necessidades dos iniciados e dos alunos avançados de línguas estrangeiras

Conveniente para o uso diário, sessões de revisão e atividades de auto-teste

Permite avaliar o seu vocabulário

Características especias do vocabulário

*   As palavras estão organizadas de acordo com o seu significado, e não por ordem alfabética
*   As palavras são apresentadas em três colunas para facilitar os processos de revisão e auto-teste
*   As palavras compostas são divididas em pequenos blocos para facilitar o processo de aprendizagem
*   O vocabulário oferece uma transcrição simples e adequada de cada palavra estrangeira

O vocabulário contém 101 tópicos incluindo:

Conceitos básicos, Números, Cores, Meses, Estações do ano, Unidades de medida, Roupas & Acessórios, Alimentos & Nutrição, Restaurante, Membros da Família, Parentes, Caráter, Sentimentos, Emoções, Doenças, Cidade, Passeios, Compras, Dinheiro, Casa, Lar, Escritório, Trabalho no Escritório, Importação & Exportação, Marketing, Pesquisa de Emprego, Esportes, Educação, Computador, Internet, Ferramentas, Natureza, Países, Nacionalidades e muito mais ...

TABELA DE CONTEÚDOS

GUIA DE PRONUNCIAÇÃO

Alfabeto fonético T&P	Exemplo Romeno	Exemplo Português
[a]	**arbust** [ar'bust]	chamar
[e]	**a merge** [a 'merdʒe]	metal
[ə]	**brăţară** [brə'tsarə]	O xevá, som vocálico neutro
[i]	**impozit** [im'pozit]	sinônimo
[ɨ]	**cuvânt** [ku'vɨnt]	sinônimo
[o]	**avocat** [avo'kat]	lobo
[u]	**fluture** ['fluture]	bonita
[b]	**bancă** ['bankə]	barril
[d]	**durabil** [du'rabil]	dentista
[dʒ]	**gemeni** ['dʒemenʲ]	adjetivo
[f]	**frizer** [fri'zer]	safári
[g]	**gladiolă** [gladi'olə]	gosto
[ʒ]	**jucător** [ʒuke'tor]	talvez
[h]	**pahar** [pa'har]	[h] aspirada
[k]	**actor** [ak'tor]	aquilo
[l]	**clopot** ['klopot]	libra
[m]	**mobilă** ['mobile]	magnólia
[n]	**nuntă** ['nunte]	natureza
[p]	**profet** [pro'fet]	presente
[r]	**roată** [ro'ate]	riscar
[s]	**salată** [sa'late]	sanita
[ʃ]	**cleştişor** [kleʃti'ʃor]	mês
[t]	**statuie** [sta'tue]	tulipa
[ts]	**forţă** ['fortse]	tsé-tsé
[tʃ]	**optzeci** [opt'zetʃi]	Tchau!
[v]	**valiză** [va'lize]	fava
[z]	**zmeură** ['zmeure]	sésamo
[j]	**foios** [fo'jos]	Vietnã
[ʲ]	**zori** [zorʲ]	sinal de palatalização

ABREVIATURAS
usadas no vocabulário

Abreviaturas do Português

adj	-	adjetivo
adv	-	advérbio
anim.	-	animado
conj.	-	conjunção
desp.	-	esporte
etc.	-	Etcetera
ex.	-	por exemplo
f	-	nome feminino
f pl	-	feminino plural
fem.	-	feminino
inanim.	-	inanimado
m	-	nome masculino
m pl	-	masculino plural
m, f	-	masculino, feminino
masc.	-	masculino
mat.	-	matemática
mil.	-	militar
pl	-	plural
prep.	-	preposição
pron.	-	pronome
sb.	-	sobre
sing.	-	singular
v aux	-	verbo auxiliar
vi	-	verbo intransitivo
vi, vt	-	verbo intransitivo, transitivo
vr	-	verbo reflexivo
vt	-	verbo transitivo

Abreviaturas do Romeno

f	-	nome feminino
f pl	-	feminino plural
m	-	nome masculino
m pl	-	masculino plural
n	-	neutro
n pl	-	neutro plural
pl	-	plural

CONCEITOS BÁSICOS

1. Pronomes

eu	eu	[eu]
você	tu	[tu]
ele	el	[el]
ela	ea	[ˈa]
nós	noi	[noj]
vocês	voi	[ˈvoj]
eles	ei	[ˈej]
elas	ele	[ˈele]

2. Cumprimentos. Saudações

Oi!	Bună ziua!	[ˈbunə ˈziwa]
Olá!	Bună ziua!	[ˈbunə ˈziwa]
Bom dia!	Bună dimineaţa!	[ˈbunə dimiˈnʲatsa]
Boa tarde!	Bună ziua!	[ˈbunə ˈziwa]
Boa noite!	Bună seara!	[ˈbunə ˈsʲara]
cumprimentar (vt)	a se saluta	[a se saluˈta]
Oi!	Salut!	[saˈlut]
saudação (f)	salut (n)	[saˈlut]
saudar (vt)	a saluta	[a saluˈta]
Tudo bem?	Ce mai faci?	[tʃie maj ˈfatʃi]
E aí, novidades?	Ce mai e nou?	[tʃe maj e ˈnou]
Tchau! Até logo!	La revedere!	[la reveˈdere]
Até breve!	Pe curând!	[pe kuˈrind]
Adeus! (sing.)	Rămâi cu bine!	[rəˈmij ku ˈbine]
Adeus! (pl)	Rămâneţi cu bine!	[rəmiˈnets ku ˈbine]
despedir-se (dizer adeus)	a-şi lua rămas bun	[aʃ luˈa rəˈmas bun]
Até mais!	Pa!	[pa]
Obrigado! -a!	Mulţumesc!	[multsuˈmesk]
Muito obrigado! -a!	Mulţumesc mult!	[multsuˈmesk mult]
De nada	Cu plăcere	[ku pləˈtʃere]
Não tem de quê	Pentru puţin	[ˈpentru puˈtsin]
Não foi nada!	Pentru puţin	[ˈpentru puˈtsin]
Desculpa!	Scuză-mă!	[ˈskuzəmə]
Desculpe!	Scuzaţi-mă!	[skuˈzatsimə]
desculpar (vt)	a scuza	[a skuˈza]
desculpar-se (vr)	a cere scuze	[a ˈtʃere ˈskuze]
Me desculpe	Cer scuze	[tʃer ˈskuze]

Desculpe!	**Lertați-mă!**	[er'tatsimə]
perdoar (vt)	**a ierta**	[a er'ta]
por favor	**vă rog**	[və rog]
Não se esqueça!	**Nu uitați!**	[nu uj'tatsʲ]
Com certeza!	**Desigur!**	[de'sigur]
Claro que não!	**Desigur ca nu!**	[de'sigur kə nu]
Está bem! De acordo!	**Sunt de acord!**	[sunt de a'kord]
Chega!	**Ajunge!**	[a'ʒundʒe]

3. Questões

Quem?	**Cine?**	['tʃine]
O que?	**Ce?**	[tʃe]
Onde?	**Unde?**	['unde]
Para onde?	**Unde?**	['unde]
De onde?	**De unde?**	[de 'unde]
Quando?	**Când?**	[kɨnd]
Para quê?	**Pentru ce?**	['pentru tʃe]
Por quê?	**De ce?**	[de tʃe]
Para quê?	**Pentru ce?**	['pentru tʃe]
Como?	**Cum?**	[kum]
Qual (~ é o problema?)	**Care?**	['kare]
Qual (~ deles?)	**Care?**	['kare]
A quem?	**Cui?**	[kuj]
De quem?	**Despre cine?**	['despre 'tʃine]
Do quê?	**Despre ce?**	['despre tʃe]
Com quem?	**Cu cine?**	[ku 'tʃine]
Quantos? -as?	**Cât? Câtă?**	[kɨt], ['kɨtə]
Quanto?	**Câți? Câte?**	[kɨts], ['kɨte]
De quem? (masc.)	**Al cui?**	['al kuj]
De quem? (fem.)	**A cui?**	[a kuj]
De quem são ...?	**Ai cui?, Ale cui?**	[aj kuj], ['ale kuj]

4. Preposições

com (prep.)	**cu**	[ku]
sem (prep.)	**fără**	[fərə]
a, para (exprime lugar)	**la**	[la]
sobre (ex. falar ~)	**despre**	['despre]
antes de ...	**înainte de**	[ɨna'inte de]
em frente de ...	**înaintea**	[ɨna'intʲa]
debaixo de ...	**sub**	[sub]
sobre (em cima de)	**deasupra**	[dʲa'supra]
em ..., sobre ...	**pe**	[pe]
de, do (sou ~ Rio de Janeiro)	**din**	[din]
de (feito ~ pedra)	**din**	[din]
em (~ 3 dias)	**peste**	['peste]
por cima de ...	**prin**	[prin]

5. Palavras funcionais. Advérbios. Parte 1

Onde?	Unde?	['unde]
aqui	aici	[a'iʧi]
lá, ali	acolo	[a'kolo]

em algum lugar	undeva	[unde'va]
em lugar nenhum	nicăieri	[nikə'erʲ]

perto de ...	lângă ...	['lɨngə]
perto da janela	lângă fereastră	['lɨngə fe'rʲastrə]

Para onde?	Unde?	['unde]
aqui	aici	[a'iʧi]
para lá	acolo	[a'kolo]
daqui	de aici	[de a'iʧi]
de lá, dali	de acolo	[de a'kolo]

perto	aproape	[apro'ape]
longe	departe	[de'parte]

perto de ...	alături	[a'ləturʲ]
à mão, perto	alături	[a'ləturʲ]
não fica longe	aproape	[apro'ape]

esquerdo (adj)	stâng	[stɨng]
à esquerda	din stânga	[din 'stɨnga]
para a esquerda	în stânga	[ɨn 'stɨnga]

direito (adj)	drept	[drept]
à direita	din dreapta	[din 'drʲapta]
para a direita	în dreapta	[ɨn 'drʲapta]

em frente	în față	[ɨn 'fatsə]
da frente	din față	[din 'fatsə]
adiante (para a frente)	înainte	[ɨna'inte]

atrás de ...	în urmă	[ɨn 'urmə]
de trás	din spate	[din 'spate]
para trás	înapoi	[ɨna'poj]

meio (m), metade (f)	mijloc (n)	['miʒlok]
no meio	la mijloc	[la 'miʒlok]

do lado	dintr-o parte	['dintro 'parte]
em todo lugar	peste tot	['peste tot]
por todos os lados	în jur	[ɨn ʒur]

de dentro	dinăuntru	[dinə'untru]
para algum lugar	undeva	[unde'va]
diretamente	direct	[di'rekt]
de volta	înapoi	[ɨna'poj]

de algum lugar	de undeva	[de unde'va]
de algum lugar	de undeva	[de unde'va]

em primeiro lugar	în primul rând	[in 'primul rind]
em segundo lugar	în al doilea rând	[in al 'dojⁱla rind]
em terceiro lugar	în al treilea rând	[in al 'trejⁱla rind]

de repente	deodată	[deo'datə]
no início	la început	[la intʃe'put]
pela primeira vez	prima dată	['prima 'datə]
muito antes de ...	cu mult timp înainte de ...	[ku mult timp ina'inte de]
de novo	din nou	[din 'nou]
para sempre	pentru totdeauna	['pentru totdⁱa'una]

nunca	niciodată	[nitʃio'datə]
de novo	iarăşi	['jarəʃ]
agora	acum	[a'kum]
frequentemente	des	[des]
então	atunci	[a'tuntʃi]
urgentemente	urgent	[ur'dʒent]
normalmente	de obicei	[de obi'tʃej]

a propósito, ...	apropo	[apro'po]
é possível	posibil	[po'sibil]
provavelmente	probabil	[pro'babil]
talvez	poate	[po'ate]
além disso, ...	în afară de aceasta, ...	[in a'farə de a'tʃasta]
por isso ...	de aceea	[de a'tʃeja]
apesar de ...	deşi ...	[de'ʃi]
graças a ...	datorită ...	[dato'ritə]

que (pron.)	ce	[tʃe]
que (conj.)	că	[kə]
algo	ceva	[tʃe'va]
alguma coisa	ceva	[tʃe'va]
nada	nimic	[ni'mik]

quem	cine	['tʃine]
alguém (~ que ...)	cineva	[tʃine'va]
alguém (com ~)	cineva	[tʃine'va]

ninguém	nimeni	['nimenⁱ]
para lugar nenhum	nicăieri	[nikə'erⁱ]
de ninguém	al nimănui	[al nimə'nuj]
de alguém	al cuiva	[al kuj'va]

tão	aşa	[a'ʃa]
também (gostaria ~ de ...)	de asemenea	[de a'semenⁱa]
também (~ eu)	la fel	[la fel]

6. Palavras funcionais. Advérbios. Parte 2

Por quê?	De ce?	[de tʃe]
por alguma razão	nu se ştie de ce	[nu se 'ʃtie de tʃe]
porque ...	pentru că ...	['pentru kə]
por qualquer razão	cine ştie pentru ce	['tʃine 'ʃtie 'pentru tʃe]
e (tu ~ eu)	şi	[ʃi]

ou (ser ~ não ser)	sau	['sau]
mas (porém)	dar	[dar]
para (~ a minha mãe)	pentru	['pentru]
muito, demais	prea	[pr'a]
só, somente	numai	['numaj]
exatamente	exact	[e'gzakt]
cerca de (~ 10 kg)	vreo	['vrəo]
aproximadamente	aproximativ	[aproksima'tiv]
aproximado (adj)	aproximativ	[aproksima'tiv]
quase	aproape	[apro'ape]
resto (m)	restul	['restul]
cada (adj)	fiecare	[fie'kare]
qualquer (adj)	oricare	[ori'kare]
muito, muitos, muitas	mult	[mult]
muitas pessoas	mulţi	[mults]
todos	toţi	[tots]
em troca de ...	în schimb la ...	[in 'skimb la]
em troca	în schimbul	[in 'skimbul]
à mão	manual	[manu'al]
pouco provável	puţin probabil	[pu'tsin pro'babil]
provavelmente	probabil	[pro'babil]
de propósito	intenţionat	[intentsio'nat]
por acidente	întâmplător	[intimplə'tor]
muito	foarte	[fo'arte]
por exemplo	de exemplu	[de e'gzemplu]
entre	între	['intre]
entre (no meio de)	printre	['printre]
tanto	atât	[a'tit]
especialmente	mai ales	[maj a'les]

NÚMEROS. DIVERSOS

7. Números cardinais. Parte 1

zero	zero	['zero]
um	unu	['unu]
dois	doi	[doj]
três	trei	[trej]
quatro	patru	['patru]
cinco	cinci	[ʧinʧ]
seis	şase	['ʃase]
sete	şapte	['ʃapte]
oito	opt	[opt]
nove	nouă	['nowə]
dez	zece	['zeʧe]
onze	unsprezece	['unsprezeʧe]
doze	doisprezece	['dojsprezeʧe]
treze	treisprezece	['trejsprezeʧe]
catorze	paisprezece	['pajsprezeʧe]
quinze	cincisprezece	['ʧinʧsprezeʧe]
dezesseis	şaisprezece	['ʃajsprezeʧe]
dezessete	şaptesprezece	['ʃaptesprezeʧe]
dezoito	optsprezece	['optsprezeʧe]
dezenove	nouăsprezece	['nowəsprezeʧe]
vinte	douăzeci	[dowə'zeʧi]
vinte e um	douăzeci şi unu	[dowə'zeʧi ʃi 'unu]
vinte e dois	douăzeci şi doi	[dowə'zeʧi ʃi doj]
vinte e três	douăzeci şi trei	[dowə'zeʧi ʃi trej]
trinta	treizeci	[trej'zeʧi]
trinta e um	treizeci şi unu	[trej'zeʧi ʃi 'unu]
trinta e dois	treizeci şi doi	[trej'zeʧi ʃi doj]
trinta e três	treizeci şi trei	[trej'zeʧi ʃi trej]
quarenta	patruzeci	[patru'zeʧi]
quarenta e um	patruzeci şi unu	[patru'zeʧi ʃi 'unu]
quarenta e dois	patruzeci şi doi	[patru'zeʧi ʃi doj]
quarenta e três	patruzeci şi trei	[patru'zeʧi ʃi trej]
cinquenta	cincizeci	[ʧinʧ'zeʧ]
cinquenta e um	cincizeci şi unu	[ʧinʧ'zeʧ ʃi 'unu]
cinquenta e dois	cincizeci şi doi	[ʧinʧ'zeʧ ʃi doj]
cinquenta e três	cincizeci şi trei	[ʧinʧ'zeʧ ʃi trej]
sessenta	şaizeci	[ʃaj'zeʧi]
sessenta e um	şaizeci şi unu	[ʃaj'zeʧi ʃi 'unu]

sessenta e dois	şaizeci şi doi	[ʃaj'zetʃi ʃi doj]
sessenta e três	şaizeci şi trei	[ʃaj'zetʃi ʃi trej]
setenta	şaptezeci	[ʃapte'zetʃi]
setenta e um	şaptezeci şi unu	[ʃapte'zetʃi ʃi 'unu]
setenta e dois	şaptezeci şi doi	[ʃapte'zetʃi ʃi doj]
setenta e três	şaptezeci şi trei	[ʃapte'zetʃi ʃi trej]
oitenta	optzeci	[opt'zetʃi]
oitenta e um	optzeci şi unu	[opt'zetʃi ʃi 'unu]
oitenta e dois	optzeci şi doi	[opt'zetʃi ʃi doj]
oitenta e três	optzeci şi trei	[opt'zetʃi ʃi trej]
noventa	nouăzeci	[nowe'zetʃi]
noventa e um	nouăzeci şi unu	[nowe'zetʃi ʃi 'unu]
noventa e dois	nouăzeci şi doi	[nowe'zetʃi ʃi doj]
noventa e três	nouăzeci şi trei	[nowe'zetʃi ʃi trej]

8. Números cardinais. Parte 2

cem	o sută	[o 'sute]
duzentos	două sute	['dowe 'sute]
trezentos	trei sute	[trej 'sute]
quatrocentos	patru sute	['patru 'sute]
quinhentos	cinci sute	[tʃintʃ 'sute]
seiscentos	şase sute	['ʃase 'sute]
setecentos	şapte sute	['ʃapte 'sute]
oitocentos	opt sute	[opt 'sute]
novecentos	nouă sute	['nowe 'sute]
mil	o mie	[o 'mie]
dois mil	două mii	['dowe mij]
três mil	trei mii	[trej mij]
dez mil	zece mii	['zetʃe mij]
cem mil	o sută de mii	[o 'sute de mij]
um milhão	milion (n)	[mi'ljon]
um bilhão	miliard (n)	[mi'ljard]

9. Números ordinais

primeiro (adj)	primul	['primul]
segundo (adj)	al doilea	[al 'dojlʲa]
terceiro (adj)	al treilea	[al 'trejlʲa]
quarto (adj)	al patrulea	[al 'patrulʲa]
quinto (adj)	al cincilea	[al 'tʃintʃilʲa]
sexto (adj)	al şaselea	[al 'ʃaselʲa]
sétimo (adj)	al şaptelea	[al 'ʃaptelʲa]
oitavo (adj)	al optulea	[al 'optulʲa]
nono (adj)	al nouălea	[al 'nowelʲa]
décimo (adj)	al zecelea	[al 'zetʃelʲa]

CORES. UNIDADES DE MEDIDA

10. Cores

cor (f)	culoare (f)	[kulo'are]
tom (m)	nuanţă (f)	[nu'anʦə]
tonalidade (m)	ton (n)	[ton]
arco-íris (m)	curcubeu (n)	[kurku'beu]
branco (adj)	alb	[alb]
preto (adj)	negru	['negru]
cinza (adj)	sur	['sur]
verde (adj)	verde	['verde]
amarelo (adj)	galben	['galben]
vermelho (adj)	roşu	['roʃu]
azul (adj)	albastru închis	[al'bastru i'nkis]
azul claro (adj)	albastru deschis	[al'bastru des'kis]
rosa (adj)	roz	['roz]
laranja (adj)	portocaliu	[portoka'lju]
violeta (adj)	violet	[vio'let]
marrom (adj)	cafeniu	[kafe'nju]
dourado (adj)	de culoarea aurului	[de kulo'arʲa 'auruluj]
prateado (adj)	argintiu	[arʤin'tju]
bege (adj)	bej	[beʒ]
creme (adj)	crem	[krem]
turquesa (adj)	turcoaz	[turko'az]
vermelho cereja (adj)	vişiniu	[viʃi'nju]
lilás (adj)	lila	[li'la]
carmim (adj)	de culoarea zmeurei	[de kulo'arʲa 'zmeurej]
claro (adj)	de culoare deschisă	[de kulo'are des'kisə]
escuro (adj)	de culoare închisă	[de kulo'are i'nkisə]
vivo (adj)	aprins	[a'prins]
de cor	colorat	[kolo'rat]
a cores	color	[ko'lor]
preto e branco (adj)	alb-negru	[alb 'negru]
unicolor (de uma só cor)	monocrom	[mono'krom]
multicolor (adj)	multicolor	[multiko'lor]

11. Unidades de medida

peso (m)	greutate (f)	[greu'tate]
comprimento (m)	lungime (f)	[lun'ʤime]

largura (f)	lăţime (f)	[lə'tsime]
altura (f)	înălţime (f)	[inəl'tsime]
profundidade (f)	adâncime (f)	[adɨn'tʃime]
volume (m)	volum (n)	[vo'lum]
área (f)	suprafaţă (f)	[supra'fatsə]

grama (m)	gram (n)	[gram]
miligrama (m)	miligram (n)	[mili'gram]
quilograma (m)	kilogram (n)	[kilo'gram]
tonelada (f)	tonă (f)	['tonə]
libra (453,6 gramas)	funt (m)	[funt]
onça (f)	uncie (f)	['untʃie]

metro (m)	metru (m)	['metru]
milímetro (m)	milimetru (m)	[mili'metru]
centímetro (m)	centimetru (m)	[tʃenti'metru]
quilômetro (m)	kilometru (m)	[kilo'metru]
milha (f)	milă (f)	['milə]

polegada (f)	ţol (m)	[tsol]
pé (304,74 mm)	picior (m)	[pi'tʃior]
jarda (914,383 mm)	yard (m)	[jard]

| metro (m) quadrado | metru (m) pătrat | ['metru pə'trat] |
| hectare (m) | hectar (n) | [hek'tar] |

litro (m)	litru (m)	['litru]
grau (m)	grad (n)	[grad]
volt (m)	volt (m)	[volt]
ampère (m)	amper (m)	[am'per]
cavalo (m) de potência	cal-putere (m)	[kal pu'tere]

quantidade (f)	cantitate (f)	[kanti'tate]
um pouco de ...	puţin ...	[pu'tsin]
metade (f)	jumătate (f)	[ʒumə'tate]
dúzia (f)	duzină (f)	[du'zinə]
peça (f)	bucată (f)	[bu'katə]

| tamanho (m), dimensão (f) | dimensiune (f) | [dimensi'une] |
| escala (f) | proporţie (f) | [pro'portsie] |

mínimo (adj)	minim	['minim]
menor, mais pequeno	cel mai mic	[tʃel maj mik]
médio (adj)	de, din mijloc	[de, din 'miʒlok]
máximo (adj)	maxim	['maksim]
maior, mais grande	cel mai mare	[tʃel maj 'mare]

12. Recipientes

pote (m) de vidro	borcan (n)	[bor'kan]
lata (~ de cerveja)	cutie (f)	[ku'tie]
balde (m)	găleată (f)	[gə'lʲatə]
barril (m)	butoi (n)	[bu'toj]
bacia (~ de plástico)	lighean (n)	[li'gʲan]

tanque (m)	rezervor (n)	[rezer'vor]
cantil (m) de bolso	damigeană (f)	[dami'dʒanə]
galão (m) de gasolina	canistră (f)	[ka'nistrə]
cisterna (f)	cisternă (f)	[tʃis'ternə]
caneca (f)	cană (f)	['kanə]
xícara (f)	ceaşcă (f)	['tʃaʃkə]
pires (m)	farfurioară (f)	[farfurio'arə]
copo (m)	pahar (n)	[pa'har]
taça (f) de vinho	cupă (f)	['kupə]
panela (f)	cratiţă (f)	['kratitsə]
garrafa (f)	sticlă (f)	['stiklə]
gargalo (m)	gâtul (n) sticlei	['gɨtul 'stiklej]
jarra (f)	garafă (f)	[ga'rafə]
jarro (m)	ulcior (n)	[ul'tʃior]
recipiente (m)	vas (n)	[vas]
pote (m)	oală (f)	[o'alə]
vaso (m)	vază (f)	['vazə]
frasco (~ de perfume)	flacon (n)	[fla'kon]
frasquinho (m)	sticluţă (f)	[sti'klutsə]
tubo (m)	tub (n)	[tub]
saco (ex. ~ de açúcar)	sac (m)	[sak]
sacola (~ plastica)	pachet (n)	[pa'ket]
maço (de cigarros, etc.)	pachet (n)	[pa'ket]
caixa (~ de sapatos, etc.)	cutie (f)	[ku'tie]
caixote (~ de madeira)	ladă (f)	['ladə]
cesto (m)	coş (n)	[koʃ]

VERBOS PRINCIPAIS

13. Os verbos mais importantes. Parte 1

abrir (vt)	a deschide	[a des'kide]
acabar, terminar (vt)	a termina	[a termi'na]
aconselhar (vt)	a sfătui	[a sfətu'i]
adivinhar (vt)	a ghici	[a gi'tʃi]
advertir (vt)	a avertiza	[a averti'za]

ajudar (vt)	a ajuta	[a aʒu'ta]
almoçar (vi)	a lua prânzul	[a lu'a 'prinzul]
alugar (~ um apartamento)	a închiria	[a inkiri'ja]
amar (pessoa)	a iubi	[a ju'bi]
ameaçar (vt)	a ameninţa	[a amenin'tsa]

anotar (escrever)	a nota	[a no'ta]
apressar-se (vr)	a se grăbi	[a se grə'bi]
arrepender-se (vr)	a regreta	[a regre'ta]
assinar (vt)	a semna	[a sem'na]
brincar (vi)	a glumi	[a glu'mi]

brincar, jogar (vi, vt)	a juca	[a ʒu'ka]
buscar (vt)	a căuta	[a kəu'ta]
caçar (vi)	a vâna	[a vi'na]
cair (vi)	a cădea	[a kə'dʲa]

| cavar (vt) | a săpa | [a sə'pa] |
| chamar (~ por socorro) | a chema | [a ke'ma] |

chegar (vi)	a sosi	[a so'si]
chorar (vi)	a plânge	[a 'plindʒe]
começar (vt)	a începe	[a in'tʃepe]

| comparar (vt) | a compara | [a kompa'ra] |
| concordar (dizer "sim") | a fi de acord | [a fi de a'kord] |

confiar (vt)	a avea încredere	[a a'vʲa in'kredere]
confundir (equivocar-se)	a încurca	[a inkur'ka]
conhecer (vt)	a cunoaşte	[a kuno'aʃte]
contar (fazer contas)	a calcula	[a kalku'la]

| contar com ... | a conta pe ... | [a kon'ta pe] |
| continuar (vt) | a continua | [a kontinu'a] |

controlar (vt)	a controla	[a kontro'la]
convidar (vt)	a invita	[a invi'ta]
correr (vi)	a alerga	[a aler'ga]
criar (vt)	a crea	[a 'krʲa]
custar (vt)	a costa	[a kos'ta]

14. Os verbos mais importantes. Parte 2

dar (vt)	a da	[a da]
dar uma dica	a face aluzie	[a 'fatʃe a'luzie]
decorar (enfeitar)	a împodobi	[a impodo'bi]
defender (vt)	a apăra	[a apǝ'ra]
deixar cair (vt)	a scăpa	[a skǝ'pa]
descer (para baixo)	a coborî	[a kobo'ri]
desculpar-se (vr)	a cere scuze	[a 'tʃere 'skuze]
dirigir (~ uma empresa)	a conduce	[a kon'dutʃe]
discutir (notícias, etc.)	a discuta	[a disku'ta]
disparar, atirar (vi)	a trage	[a 'tradʒǝ]
dizer (vt)	a spune	[a 'spune]
duvidar (vt)	a se îndoi	[a se ɨndo'i]
encontrar (achar)	a găsi	[a gǝ'si]
enganar (vt)	a minţi	[a min'tsi]
entender (vt)	a înţelege	[a intse'ledʒe]
entrar (na sala, etc.)	a intra	[a in'tra]
enviar (uma carta)	a trimite	[a tri'mite]
errar (enganar-se)	a greşi	[a gre'ʃi]
escolher (vt)	a alege	[a a'ledʒe]
esconder (vt)	a ascunde	[a as'kunde]
escrever (vt)	a scrie	[a 'skrie]
esperar (aguardar)	a aştepta	[a aʃtep'ta]
esperar (ter esperança)	a spera	[a spe'ra]
esquecer (vt)	a uita	[a uj'ta]
estudar (vt)	a studia	[a studi'a]
exigir (vt)	a cere	[a 'tʃere]
existir (vi)	a exista	[a ekzis'ta]
explicar (vt)	a explica	[a ekspli'ka]
falar (vi)	a vorbi	[a vor'bi]
faltar (a la escuela, etc.)	a lipsi	[a lip'si]
fazer (vt)	a face	[a 'fatʃe]
ficar em silêncio	a tăcea	[a tǝ'tʃa]
gabar-se (vr)	a se lăuda	[a se leu'da]
gostar (apreciar)	a plăcea	[a ple'tʃa]
gritar (vi)	a striga	[a stri'ga]
guardar (fotos, etc.)	a păstra	[a pǝs'tra]
informar (vt)	a informa	[a infor'ma]
insistir (vi)	a insista	[a insis'ta]
insultar (vt)	a jigni	[a ʒig'ni]
interessar-se (vr)	a se interesa	[a se intere'sa]
ir (a pé)	a merge	[a 'merdʒe]
ir nadar	a se scălda	[a se skǝl'da]
jantar (vi)	a cina	[a tʃi'na]

15. Os verbos mais importantes. Parte 3

ler (vt)	a citi	[a tʃi'ti]
libertar, liberar (vt)	a elibera	[a elibe'ra]
matar (vt)	a omorî	[a omo'ri]
mencionar (vt)	a menţiona	[a mentsio'na]
mostrar (vt)	a arăta	[a arə'ta]

mudar (modificar)	a schimba	[a skim'ba]
nadar (vi)	a înota	[a ino'ta]
negar-se a ... (vr)	a refuza	[a refu'za]
objetar (vt)	a contrazice	[a kontra'zitʃe]

observar (vt)	a observa	[a obser'va]
ordenar (mil.)	a ordona	[a ordo'na]
ouvir (vt)	a auzi	[a au'zi]
pagar (vt)	a plăti	[a plə'ti]
parar (vi)	a se opri	[a se o'pri]

parar, cessar (vt)	a înceta	[a antʃe'ta]
participar (vi)	a participa	[a partitʃi'pa]
pedir (comida, etc.)	a comanda	[a koman'da]
pedir (um favor, etc.)	a cere	[a 'tʃere]
pegar (tomar)	a lua	[a lu'a]

pegar (uma bola)	a prinde	[a 'prinde]
pensar (vi, vt)	a se gândi	[a se gin'di]
perceber (ver)	a observa	[a obser'va]
perdoar (vt)	a ierta	[a er'ta]
perguntar (vt)	a întreba	[a intre'ba]

permitir (vt)	a permite	[a per'mite]
pertencer a ... (vi)	a aparţine	[a apar'tsine]
planejar (vt)	a planifica	[a planifi'ka]
poder (~ fazer algo)	a putea	[a pu'tʲa]
possuir (uma casa, etc.)	a poseda	[a pose'da]

preferir (vt)	a prefera	[a prefe'ra]
preparar (vt)	a găti	[a gə'ti]
prever (vt)	a prevedea	[a preve'dʲa]
prometer (vt)	a promite	[a pro'mite]
pronunciar (vt)	a pronunţa	[a pronun'tsa]

propor (vt)	a propune	[a pro'pune]
punir (castigar)	a pedepsi	[a pedep'si]
quebrar (vt)	a rupe	[a 'rupe]
queixar-se de ...	a se plânge	[a se 'plindʒe]
querer (desejar)	a vrea	[a vrʲa]

16. Os verbos mais importantes. Parte 4

ralhar, repreender (vt)	a certa	[a tʃer'ta]
recomendar (vt)	a recomanda	[a rekoman'da]

repetir (dizer outra vez)	a repeta	[a repe'ta]
reservar (~ um quarto)	a rezerva	[a rezer'va]
responder (vt)	a răspunde	[a rəs'punde]
rezar, orar (vi)	a se ruga	[a se ru'ga]
rir (vi)	a râde	[a 'ride]
roubar (vt)	a fura	[a fu'ra]
saber (vt)	a şti	[a ʃti]
sair (~ de casa)	a ieşi	[a e'ʃi]
salvar (resgatar)	a salva	[a sal'va]
seguir (~ alguém)	a urma	[a ur'ma]
sentar-se (vr)	a se aşeza	[a se aʃe'za]
ser necessário	a fi necesar	[a fi netʃe'sar]
ser, estar	a fi	[a fi]
significar (vt)	a însemna	[a insem'na]
sorrir (vi)	a zâmbi	[a zim'bi]
subestimar (vt)	a subaprecia	[a subapretʃi'a]
surpreender-se (vr)	a se mira	[a se mi'ra]
tentar (~ fazer)	a încerca	[a intʃer'ka]
ter (vt)	a avea	[a a'vʲa]
ter fome	a fi foame	[a fi fo'ame]
ter medo	a se teme	[a se 'teme]
ter sede	a fi sete	[a fi 'sete]
tocar (com as mãos)	a atinge	[a a'tindʒe]
tomar café da manhã	a lua micul dejun	[a lu'a 'mikul de'ʒun]
trabalhar (vi)	a lucra	[a lu'kra]
traduzir (vt)	a traduce	[a tra'dutʃe]
unir (vt)	a uni	[a u'ni]
vender (vt)	a vinde	[a 'vinde]
ver (vt)	a vedea	[a ve'dʲa]
virar (~ para a direita)	a întoarce	[a into'artʃe]
voar (vi)	a zbura	[a zbu'ra]

TEMPO. CALENDÁRIO

17. Dias da semana

segunda-feira (f)	**luni** (f)	[lunʲ]
terça-feira (f)	**marţi** (f)	['martsʲ]
quarta-feira (f)	**miercuri** (f)	['merkurʲ]
quinta-feira (f)	**joi** (f)	[ʒoj]
sexta-feira (f)	**vineri** (f)	['vinerʲ]
sábado (m)	**sâmbătă** (f)	['sɨmbətə]
domingo (m)	**duminică** (f)	[du'minikə]
hoje	**astăzi**	['astəzʲ]
amanhã	**mâine**	['mɨjne]
depois de amanhã	**poimâine**	[poj'mɨne]
ontem	**ieri**	[jerʲ]
anteontem	**alaltăieri**	[a'laltəerʲ]
dia (m)	**zi** (f)	[zi]
dia (m) de trabalho	**zi** (f) **de lucru**	[zi de 'lukru]
feriado (m)	**zi** (f) **de sărbătoare**	[zi de sərbəto'are]
dia (m) de folga	**zi** (f) **liberă**	[zi 'liberə]
fim (m) de semana	**zile** (f pl) **de odihnă**	['zile de o'dihnə]
o dia todo	**toată ziua**	[to'atə 'ziwa]
no dia seguinte	**a doua zi**	['dowa zi]
há dois dias	**cu două zile în urmă**	[ku 'dowə 'zile ɨn 'urmə]
na véspera	**în ajun**	[ɨn a'ʒun]
diário (adj)	**zilnic**	['zilnik]
todos os dias	**în fiecare zi**	[ɨn fie'kare zi]
semana (f)	**săptămână** (f)	[səptə'mɨnə]
na semana passada	**săptămâna trecută**	[səptə'mina tre'kutə]
semana que vem	**săptămâna viitoare**	[səptə'mina viito'are]
semanal (adj)	**săptămânal**	[səptəmi'nal]
toda semana	**în fiecare săptămână**	[ɨn fie'kare səptə'mɨnə]
duas vezes por semana	**de două ori pe săptămână**	[de 'dowə orʲ pe səptə'mɨnə]
toda terça-feira	**în fiecare marţi**	[ɨn fie'kare 'martsʲ]

18. Horas. Dia e noite

manhã (f)	**dimineaţă** (f)	[dimi'nʲatsə]
de manhã	**dimineaţa**	[dimi'nʲatsa]
meio-dia (m)	**amiază** (f)	[a'mjazə]
à tarde	**după masă**	['dupə 'masə]
tardinha (f)	**seară** (f)	['sʲarə]
à tardinha	**seara**	['sʲara]

noite (f)	noapte (f)	[no'apte]
à noite	noaptea	[no'aptʲa]
meia-noite (f)	miezul (n) nopţii	['mezul 'noptsij]
segundo (m)	secundă (f)	[se'kundə]
minuto (m)	minut (n)	[mi'nut]
hora (f)	oră (f)	['orə]
meia hora (f)	jumătate de oră	[ʒumə'tate de 'orə]
quarto (m) de hora	un sfert de oră	[un sfert de 'orə]
quinze minutos	cincisprezece minute	['tʃintʃsprezetʃe mi'nute]
vinte e quatro horas	o zi (f)	[o zi]
nascer (m) do sol	răsărit (n)	[rəsə'rit]
amanhecer (m)	zori (m pl)	[zorʲ]
madrugada (f)	zori (m pl) de zi	[zorʲ de zi]
pôr-do-sol (m)	apus (n)	[a'pus]
de madrugada	dimineaţa devreme	[dimi'nʲatsa de'vreme]
esta manhã	azi dimineaţă	[azʲ dimi'nʲatsə]
amanhã de manhã	mâine dimineaţă	['mɨjne dimi'nʲatsə]
esta tarde	această după-amiază	[a'tʃaste 'dupa ami'azə]
à tarde	după masă	['dupə 'masə]
amanhã à tarde	mâine după-masă	['mɨjne 'dupə 'masə]
esta noite, hoje à noite	astă-seară	['astə 'sʲarə]
amanhã à noite	mâine seară	['mɨjne 'sʲarə]
às três horas em ponto	la ora trei fix	[la 'ora trej fiks]
por volta das quatro	în jur de ora patru	[ɨn ʒur de 'ora 'patru]
às doze	pe la ora douăsprezece	[pe la 'ora 'dowəsprezetʃe]
em vinte minutos	peste douăzeci de minute	['peste dowə'zetʃi de mi'nute]
em uma hora	peste o oră	['peste o 'orə]
a tempo	la timp	[la timp]
… um quarto para	fără un sfert	['fərə un sfert]
dentro de uma hora	în decurs de o oră	[ɨn de'kurs de o 'orə]
a cada quinze minutos	la fiecare cincisprezece minute	[la fie'kare 'tʃintʃsprezetʃe mi'nute]
as vinte e quatro horas	zi şi noapte	[zi ʃi no'apte]

19. Meses. Estações

janeiro (m)	ianuarie (m)	[janu'arie]
fevereiro (m)	februarie (m)	[febru'arie]
março (m)	martie (m)	['martie]
abril (m)	aprilie (m)	[a'prilie]
maio (m)	mai (m)	[maj]
junho (m)	iunie (m)	['junie]
julho (m)	iulie (m)	['julie]
agosto (m)	august (m)	['august]
setembro (m)	septembrie (m)	[sep'tembrie]

outubro (m)	octombrie (m)	[ok'tombrie]
novembro (m)	noiembrie (m)	[no'embrie]
dezembro (m)	decembrie (m)	[de'ʧembrie]

primavera (f)	primăvară (f)	[primə'varə]
na primavera	primăvara	[primə'vara]
primaveril (adj)	de primăvară	[de primə'varə]

verão (m)	vară (f)	['varə]
no verão	vara	['vara]
de verão	de vară	[de 'varə]

outono (m)	toamnă (f)	[to'amnə]
no outono	toamna	[to'amna]
outonal (adj)	de toamnă	[de to'amnə]

inverno (m)	iarnă (f)	['jarnə]
no inverno	iarna	['jarna]
de inverno	de iarnă	[de 'jarnə]

mês (m)	lună (f)	['lunə]
este mês	în luna curentă	[in 'luna ku'rentə]
mês que vem	în luna următoare	[in 'luna urməto'are]
no mês passado	în luna trecută	[in 'luna tre'kutə]

um mês atrás	o lună în urmă	[o 'lunə in 'urmə]
em um mês	peste o lună	['peste o 'lunə]
em dois meses	peste două luni	['peste 'dowə lunʲ]
todo o mês	luna întreagă	['luna in'trʲagə]
um mês inteiro	o lună întreagă	[o 'lunə in'trʲagə]

mensal (adj)	lunar	[lu'nar]
mensalmente	în fiecare lună	[in fie'kare 'lunə]
todo mês	fiecare lună	[fie'kare 'lunə]
duas vezes por mês	de două ori pe lună	[de 'dowə orʲ pe 'lunə]

ano (m)	an (m)	[an]
este ano	anul acesta	['anul a'ʧesta]
ano que vem	anul viitor	['anul vii'tor]
no ano passado	anul trecut	['anul tre'kut]

há um ano	acum un an	[a'kum un an]
em um ano	peste un an	['peste un an]
dentro de dois anos	peste doi ani	['peste doj anʲ]
todo o ano	tot anul	[tot 'anul]
um ano inteiro	un an întreg	[un an in'treg]

cada ano	în fiecare an	[in fie'kare an]
anual (adj)	anual	[anu'al]
anualmente	în fiecare an	[in fie'kare an]
quatro vezes por ano	de patru ori pe an	[de 'patru orʲ pe an]

data (~ de hoje)	dată (f)	['datə]
data (ex. ~ de nascimento)	dată (f)	['datə]
calendário (m)	calendar (n)	[kalen'dar]
meio ano	jumătate (f) de an	[ʒumə'tate de an]

seis meses	jumătate (f) de an	[ʒume'tate de an]
estação (f)	sezon (n)	[se'zon]
século (m)	veac (n)	[vʲak]

VIAGENS. HOTEL

20. Viagens

turismo (m)	turism (n)	[tu'rism]
turista (m)	turist (m)	[tu'rist]
viagem (f)	călătorie (f)	[kələto'rie]
aventura (f)	aventură (f)	[aven'turə]
percurso (curta viagem)	voiaj (n)	[vo'jaʒ]
férias (f pl)	concediu (n)	[kon'ʧedju]
estar de férias	a fi în concediu	[a fi in kon'ʧedju]
descanso (m)	odihnă (f)	[o'dihnə]
trem (m)	tren (n)	[tren]
de trem (chegar ~)	cu trenul	[ku 'trenul]
avião (m)	avion (n)	[a'vjon]
de avião	cu avionul	[ku a'vjonul]
de carro	cu automobilul	[ku automo'bilul]
de navio	cu vaporul	[ku va'porul]
bagagem (f)	bagaj (n)	[ba'gaʒ]
mala (f)	valiză (f)	[va'lizə]
carrinho (m)	cărucior (n) pentru bagaj	[kəru'ʧior 'pentru ba'gaʒ]
passaporte (m)	paşaport (n)	[paʃa'port]
visto (m)	viză (f)	['vizə]
passagem (f)	bilet (n)	[bi'let]
passagem (f) aérea	bilet (n) de avion	[bi'let de a'vjon]
guia (m) de viagem	ghid (m)	[gid]
mapa (m)	hartă (f)	['hartə]
área (f)	localitate (f)	[lokali'tate]
lugar (m)	loc (n)	[lok]
exotismo (m)	exotism (n)	[egzo'tism]
exótico (adj)	exotic	[e'gzotik]
surpreendente (adj)	uimitor	[ujmi'tor]
grupo (m)	grup (n)	[grup]
excursão (f)	excursie (f)	[eks'kursie]
guia (m)	ghid (m)	[gid]

21. Hotel

hotel (m)	hotel (n)	[ho'tel]
motel (m)	motel (n)	[mo'tel]
três estrelas	trei stele	[trej 'stele]

| cinco estrelas | cinci stele | [ˈtʃintʃ ˈstele] |
| ficar (vi, vt) | a se opri | [a se oˈpri] |

quarto (m)	cameră (f)	[ˈkamerə]
quarto (m) individual	cameră pentru o persoană (n)	[ˈkamerə ˈpentru o persoˈane]
quarto (m) duplo	cameră pentru două persoane (n)	[ˈkamerə ˈpentru ˈdowə persoˈane]
reservar um quarto	a rezerva o cameră	[a rezerˈva o ˈkamerə]

| meia pensão (f) | demipensiune (f) | [demipensiˈune] |
| pensão (f) completa | pensiune (f) | [pensiˈune] |

com banheira	cu baie	[ku ˈbae]
com chuveiro	cu duş	[ku duʃ]
televisão (m) por satélite	televiziune (f) prin satelit	[televiziˈune ˈprin sateˈlit]
ar (m) condicionado	aer (n) condiţionat	[ˈaer konditsioˈnat]
toalha (f)	prosop (n)	[proˈsop]
chave (f)	cheie (f)	[ˈkee]

administrador (m)	administrator (m)	[adminisˈtrator]
camareira (f)	femeie (f) de serviciu	[feˈmee de serˈvitʃiu]
bagageiro (m)	hamal (m)	[haˈmal]
porteiro (m)	portar (m)	[porˈtar]

restaurante (m)	restaurant (n)	[restauˈrant]
bar (m)	bar (n)	[bar]
café (m) da manhã	micul dejun (n)	[ˈmikul deˈʒun]
jantar (m)	cină (f)	[ˈtʃinə]
bufê (m)	masă suedeză (f)	[ˈmasə sueˈdezə]

| saguão (m) | vestibul (n) | [vestiˈbul] |
| elevador (m) | lift (n) | [lift] |

| NÃO PERTURBE | NU DERANJAŢI! | [nu deranˈʒats] |
| PROIBIDO FUMAR! | NU FUMAŢI! | [nu fuˈmats] |

22. Turismo

monumento (m)	monument (n)	[monuˈment]
fortaleza (f)	cetate (f)	[tʃeˈtate]
palácio (m)	palat (n)	[paˈlat]
castelo (m)	castel (n)	[kasˈtel]
torre (f)	turn (n)	[turn]
mausoléu (m)	mausoleu (n)	[mawzoˈleu]

arquitetura (f)	arhitectură (f)	[arhitekˈturə]
medieval (adj)	medieval	[medieˈval]
antigo (adj)	vechi	[vekʲ]
nacional (adj)	naţional	[natsioˈnal]
famoso, conhecido (adj)	cunoscut	[kunosˈkut]

| turista (m) | turist (m) | [tuˈrist] |
| guia (pessoa) | ghid (m) | [gid] |

excursão (f)	**excursie** (f)	[eks'kursie]
mostrar (vt)	**a arăta**	[a arə'ta]
contar (vt)	**a povesti**	[a poves'ti]
encontrar (vt)	**a găsi**	[a gə'si]
perder-se (vr)	**a se pierde**	[a se 'pjerde]
mapa (~ do metrô)	**schemă** (f)	['skemə]
mapa (~ da cidade)	**plan** (m)	[plan]
lembrança (f), presente (m)	**suvenir** (n)	[suve'nir]
loja (f) de presentes	**magazin** (n) **de suveniruri**	[maga'zin de suve'nirurʲ]
tirar fotos, fotografar	**a fotografia**	[a fotografi'ja]
fotografar-se (vr)	**a se fotografia**	[a se fotografi'ja]

TRANSPORTES

23. Aeroporto

aeroporto (m)	aeroport (n)	[aero'port]
avião (m)	avion (n)	[a'vjon]
companhia (f) aérea	companie (f) aeriană	[kompa'nie aeri'ane]
controlador (m) de tráfego aéreo	dispecer (n)	[dis'petʃer]

partida (f)	decolare (f)	[deko'lare]
chegada (f)	aterizare (f)	[ateri'zare]
chegar (vi)	a ateriza	[a ateri'za]

hora (f) de partida	ora (f) decolării	['ora dekolərij]
hora (f) de chegada	ora (f) aterizării	['ora aterizərij]

estar atrasado	a întârzia	[a intir'zija]
atraso (m) de voo	întârzierea (f) zborului	[intirzjer'a 'zboruluj]

painel (m) de informação	panou (n)	[pa'nou]
informação (f)	informație (f)	[infor'matsie]
anunciar (vt)	a anunța	[a anun'tsa]
voo (m)	cursă (f)	['kursə]

alfândega (f)	vamă (f)	['vamə]
funcionário (m) da alfândega	vameş (m)	['vameʃ]

declaração (f) alfandegária	declarație (f)	[dekla'ratsie]
preencher (vt)	a completa	[a komple'ta]
preencher a declaração	a completa declarația	[a komple'ta dekla'ratsija]
controle (m) de passaporte	controlul (n) paşapoartelor	[kon'trolul paʃapo'artelor]

bagagem (f)	bagaj (n)	[ba'gaʒ]
bagagem (f) de mão	bagaj (n) de mână	[ba'gaʒ de 'minə]
carrinho (m)	cărucior (n) pentru bagaj	[kəru'tʃior 'pentru ba'gaʒ]

pouso (m)	aterizare (f)	[ateri'zare]
pista (f) de pouso	pistă (f) de aterizare	['pistə de ateri'zare]
aterrissar (vi)	a ateriza	[a ateri'za]
escada (f) de avião	scară (f)	['skarə]

check-in (m)	înregistrare (f)	[inredʒis'trare]
balcão (m) do check-in	birou (n) de înregistrare	[bi'rou de inredʒis'trare]
fazer o check-in	a se înregistra	[a se inredʒis'tra]
cartão (m) de embarque	număr (n) de bord	['numər de bord]
portão (m) de embarque	debarcare (f)	[debar'kare]

trânsito (m)	tranzit (n)	['tranzit]
esperar (vi, vt)	a aştepta	[a aʃtep'ta]

sala (f) de espera	salǎ (f) de aşteptare	['salə de aʃtep'tare]
despedir-se (acompanhar)	a conduce	[a kon'dutʃe]
despedir-se (dizer adeus)	a-şi lua rǎmas bun	[aʃ lu'a rə'mas bun]

24. Avião

avião (m)	avion (n)	[a'vjon]
passagem (f) aérea	bilet (n) de avion	[bi'let de a'vjon]
companhia (f) aérea	companie (f) aerianǎ	[kompa'nie aeri'anə]
aeroporto (m)	aeroport (n)	[aero'port]
supersônico (adj)	supersonic	[super'sonik]

comandante (m) do avião	comandant (m) de navǎ	[koman'dant de 'navə]
tripulação (f)	echipaj (n)	[eki'paʒ]
piloto (m)	pilot (m)	[pi'lot]
aeromoça (f)	stewardesǎ (f)	[stjuar'desə]
copiloto (m)	navigator (m)	[naviga'tor]

asas (f pl)	aripi (f pl)	[a'ripʲ]
cauda (f)	coadǎ (f)	[ko'adə]
cabine (f)	cabinǎ (f)	[ka'binə]
motor (m)	motor (n)	[mo'tor]

trem (m) de pouso	tren (n) de aterizare	[tren de ateri'zare]
turbina (f)	turbinǎ (f)	[tur'binə]

hélice (f)	elice (f)	[e'litʃe]
caixa-preta (f)	cutie (f) neagrǎ	[ku'tie 'nʲagrə]

coluna (f) de controle	manşǎ (f)	['manʃə]
combustível (m)	combustibil (m)	[kombus'tibil]

instruções (f pl) de segurança	instrucţiune (f)	[instruktsi'une]
máscara (f) de oxigênio	mascǎ (f) cu oxigen	['maskə 'ku oksi'dʒen]
uniforme (m)	uniformǎ (f)	[uni'formə]

colete (m) salva-vidas	vestǎ (f) de salvare	['vestə de sal'vare]
paraquedas (m)	paraşutǎ (f)	[para'ʃutə]

decolagem (f)	decolare (f)	[deko'lare]
descolar (vi)	a decola	[a deko'la]
pista (f) de decolagem	pistǎ (f) de decolare	['pistə de deko'lare]

visibilidade (f)	vizibilitate (f)	[vizibili'tate]
voo (m)	zbor (n)	[zbor]

altura (f)	înǎlţime (f)	[inəl'tsime]
poço (m) de ar	gol de aer (n)	[gol de 'aer]

assento (m)	loc (n)	[lok]
fone (m) de ouvido	cǎşti (f pl)	[kəʃtʲ]
mesa (f) retrátil	mǎsuţǎ (f) rabatabilǎ	[mə'sutsə raba'tabilə]
janela (f)	hublou (n)	[hu'blou]
corredor (m)	trecere (f)	['tretʃere]

25. Comboio

trem (m)	tren (n)	[tren]
trem (m) elétrico	tren (n) electric	['tren e'lektrik]
trem (m)	tren (n) accelerat	['tren akt∫ele'rat]
locomotiva (f) diesel	locomotivă (f) cu motor diesel	[lokomo'tivə ku mo'tor 'dizel]
locomotiva (f) a vapor	locomotivă (f)	[lokomo'tivə]
vagão (f) de passageiros	vagon (n)	[va'gon]
vagão-restaurante (m)	vagon-restaurant (n)	[va'gon restau'rant]
carris (m pl)	şine (f pl)	['∫ine]
estrada (f) de ferro	cale (f) ferată	['kale fe'ratə]
travessa (f)	traversă (f)	[tra'versə]
plataforma (f)	peron (n)	[pe'ron]
linha (f)	linie (f)	['linie]
semáforo (m)	semafor (n)	[sema'for]
estação (f)	staţie (f)	['stat͡sie]
maquinista (m)	maşinist (m)	[ma∫i'nist]
bagageiro (m)	hamal (m)	[ha'mal]
hospedeiro, -a (m, f)	însoţitor (m)	[insot͡si'tor]
passageiro (m)	pasager (m)	[pasa'dʒer]
revisor (m)	controlor (m)	[kontro'lor]
corredor (m)	coridor (n)	[kori'dor]
freio (m) de emergência	semnal (n) de alarmă	[sem'nal de a'larmə]
compartimento (m)	compartiment (n)	[komparti'ment]
cama (f)	cuşetă (f)	[ku'∫etə]
cama (f) de cima	patul (n) de sus	['patul de sus]
cama (f) de baixo	patul (n) de jos	['patul de ʒos]
roupa (f) de cama	lenjerie (f) de pat	[lenʒe'rie de pat]
passagem (f)	bilet (n)	[bi'let]
horário (m)	orar (n)	[o'rar]
painel (m) de informação	panou (n)	[pa'nou]
partir (vt)	a pleca	[a ple'ka]
partida (f)	plecare (f)	[ple'kare]
chegar (vi)	a sosi	[a so'si]
chegada (f)	sosire (f)	[so'sire]
chegar de trem	a veni cu trenul	[a ve'ni ku 'trenul]
pegar o trem	a se aşeza în tren	[a se a∫e'za ɨn tren]
descer de trem	a coborî din tren	[a kobo'rɨ din tren]
acidente (m) ferroviário	accident (n) de tren	[akt͡ʃi'dent de tren]
locomotiva (f) a vapor	locomotivă (f)	[lokomo'tivə]
foguista (m)	fochist (m)	[fo'kist]
fornalha (f)	focar (n)	[fo'kar]
carvão (m)	cărbune (m)	[kər'bune]

26. Barco

navio (m)	corabie (f)	[ko'rabie]
embarcação (f)	navă (f)	['navə]
barco (m) a vapor	vapor (n)	[va'por]
barco (m) fluvial	motonavă (f)	[moto'navə]
transatlântico (m)	vas (n) de croazieră	[vas de kroa'zjerə]
cruzeiro (m)	crucişător (n)	[krutʃiʃə'tor]
iate (m)	iaht (n)	[jaht]
rebocador (m)	remorcher (n)	[remor'ker]
barcaça (f)	şlep (n)	[ʃlep]
ferry (m)	bac (n)	[bak]
veleiro (m)	velier (n)	[ve'ljer]
bergantim (m)	brigantină (f)	[brigan'tinə]
quebra-gelo (m)	spărgător (n) de gheaţă	[spərgə'tor de 'gʲatsə]
submarino (m)	submarin (n)	[subma'rin]
bote, barco (m)	barcă (f)	['barkə]
baleeira (bote salva-vidas)	şalupă (f)	[ʃa'lupə]
bote (m) salva-vidas	şalupă (f) de salvare	[ʃa'lupə de sal'vare]
lancha (f)	cuter (n)	['kuter]
capitão (m)	căpitan (m)	[kəpi'tan]
marinheiro (m)	marinar (m)	[mari'nar]
marujo (m)	marinar (m)	[mari'nar]
tripulação (f)	echipaj (n)	[eki'paʒ]
contramestre (m)	şef (m) de echipaj	[ʃef de eki'paʒ]
grumete (m)	mus (m)	[mus]
cozinheiro (m) de bordo	bucătar (m)	[bukə'tar]
médico (m) de bordo	medic (m) pe navă	['medik pe 'navə]
convés (m)	teugă (f)	[te'ugə]
mastro (m)	catarg (n)	[ka'targ]
vela (f)	velă (f)	['velə]
porão (m)	cală (f)	['kalə]
proa (f)	proră (f)	['prorə]
popa (f)	pupă (f)	['pupə]
remo (m)	vâslă (f)	['vislə]
hélice (f)	elice (f)	[e'litʃe]
cabine (m)	cabină (f)	[ka'binə]
sala (f) dos oficiais	salonul (n) ofiţerilor	[sa'lonul ofi'tserilor]
sala (f) das máquinas	sala (f) maşinilor	['sala ma'ʃinilor]
ponte (m) de comando	punte (f) de comandă	['punte de ko'mandə]
sala (f) de comunicações	staţie (f) de radio	['statsie de 'radio]
onda (f)	undă (f)	['undə]
diário (m) de bordo	jurnal (n) de bord	[ʒur'nal de bord]
luneta (f)	lunetă (f)	[lu'netə]
sino (m)	clopot (n)	['klopot]

bandeira (f)	**steag** (n)	['st'ag]
cabo (m)	**parâmă** (f)	[pa'rimə]
nó (m)	**nod** (n)	[nod]

corrimão (m)	**bară** (f)	['barə]
prancha (f) de embarque	**pasarelă** (f)	[pasa'relə]

âncora (f)	**ancoră** (f)	['ankorə]
recolher a âncora	**a ridica ancora**	[a ridi'ka 'ankora]
jogar a âncora	**a ancora**	[a anko'ra]
amarra (corrente de âncora)	**lanț** (n) **de ancoră**	[lants de 'ankorə]

porto (m)	**port** (n)	[port]
cais, amarradouro (m)	**acostare** (f)	[akos'tare]
atracar (vi)	**a acosta**	[a akos'ta]
desatracar (vi)	**a demara**	[a dema'ra]

viagem (f)	**călătorie** (f)	[kələto'rie]
cruzeiro (m)	**croazieră** (f)	[kroa'zjerə]
rumo (m)	**direcție** (f)	[di'rektsie]
itinerário (m)	**rută** (f)	['rutə]

canal (m) de navegação	**cale** (f) **navigabilă**	['kale navi'gabilə]
banco (m) de areia	**banc** (n) **de nisip**	[bank de ni'sip]
encalhar (vt)	**a se împotmoli**	[a se impotmo'li]

tempestade (f)	**furtună** (f)	[fur'tunə]
sinal (m)	**semnal** (n)	[sem'nal]
afundar-se (vr)	**a se scufunda**	[a se skufun'da]
SOS	**SOS**	[sos]
boia (f) salva-vidas	**colac** (m) **de salvare**	[ko'lak de sal'vare]

CIDADE

27. Transportes urbanos

ônibus (m)	autobuz (n)	[auto'buz]
bonde (m) elétrico	tramvai (n)	[tram'vaj]
trólebus (m)	troleibuz (n)	[trolej'buz]
rota (f), itinerário (m)	rută (f)	['rutə]
número (m)	număr (n)	['numər]
ir de ... (carro, etc.)	a merge cu ...	[a 'merdʒe ku]
entrar no ...	a se urca	[a se ur'ka]
descer do ...	a coborî	[a kobo'ri]
parada (f)	stație (f)	['statsie]
próxima parada (f)	stația (f) următoare	['statsija urməto'are]
terminal (m)	ultima stație (f)	['ultima 'statsie]
horário (m)	orar (n)	[o'rar]
esperar (vt)	a aştepta	[a aʃtep'ta]
passagem (f)	bilet (n)	[bi'let]
tarifa (f)	costul (n) biletului	['kostul bi'letuluj]
bilheteiro (m)	casier (m)	[ka'sjer]
controle (m) de passagens	control (n)	[kon'trol]
revisor (m)	controlor (m)	[kontro'lor]
atrasar-se (vr)	a întârzia	[a intir'zija]
perder (o autocarro, etc.)	a pierde ...	[a 'pjerdə]
estar com pressa	a se grăbi	[a se grə'bi]
táxi (m)	taxi (n)	[ta'ksi]
taxista (m)	taximetrist (m)	[taksime'trist]
de táxi (ir ~)	cu taxiul	[ku ta'ksjul]
ponto (m) de táxis	stație (f) de taxiuri	['statsie de ta'ksjur]
chamar um táxi	a chema un taxi	[a ke'ma un ta'ksi]
pegar um táxi	a lua un taxi	[a lu'a un ta'ksi]
tráfego (m)	circulație (f) pe stradă	[tʃirku'latsie pe 'stradə]
engarrafamento (m)	ambuteiaj (n)	[ambute'jaʒ]
horas (f pl) de pico	oră (f) de vârf	[orə de virf]
estacionar (vi)	a se parca	[a se par'ka]
estacionar (vt)	a parca	[a par'ka]
parque (m) de estacionamento	parcare (f)	[par'kare]
metrô (m)	metrou (n)	[me'trou]
estação (f)	stație (f)	['statsie]
ir de metrô	a merge cu metroul	[a 'merdʒe ku me'troul]
trem (m)	tren (n)	[tren]
estação (f) de trem	gară (f)	['gare]

28. Cidade. Vida na cidade

cidade (f)	oraş (n)	[o'raʃ]
capital (f)	capitală (f)	[kapi'talə]
aldeia (f)	sat (n)	[sat]

mapa (m) da cidade	planul (n) oraşului	['planul o'raʃuluj]
centro (m) da cidade	centrul (n) oraşului	['tʃentrul o'raʃuluj]
subúrbio (m)	suburbie (f)	[subur'bie]
suburbano (adj)	din suburbie	[din subur'bie]

periferia (f)	margine (f)	['mardʒine]
arredores (m pl)	împrejurimi (f pl)	[impreʒu'rimʲ]
quarteirão (m)	cartier (n)	[kar'tjer]
quarteirão (m) residencial	cartier (n) locativ	[ka'rtjer loka'tiv]

tráfego (m)	circulaţie (f)	[tʃirku'latsie]
semáforo (m)	semafor (n)	[sema'for]
transporte (m) público	transport (n) urban	[trans'port ur'ban]
cruzamento (m)	intersecţie (f)	[inter'sektsie]

faixa (f)	trecere (f)	['tretʃere]
túnel (m) subterrâneo	trecere (f) subterană	['tretʃere subte'ranə]
cruzar, atravessar (vt)	a traversa	[a traver'sa]
pedestre (m)	pieton (m)	[pie'ton]
calçada (f)	trotuar (n)	[trotu'ar]

ponte (f)	pod (n)	[pod]
margem (f) do rio	faleză (f)	[fa'lezə]
fonte (f)	havuz (n)	[ha'vuz]

alameda (f)	alee (f)	[a'lee]
parque (m)	parc (n)	[park]
bulevar (m)	bulevard (n)	[bule'vard]
praça (f)	piaţă (f)	['pjatsə]
avenida (f)	prospect (n)	[pros'pekt]
rua (f)	stradă (f)	['stradə]
travessa (f)	stradelă (f)	[stra'delə]
beco (m) sem saída	fundătură (f)	[fundə'turə]

casa (f)	casă (f)	['kasə]
edifício, prédio (m)	clădire (f)	[klə'dire]
arranha-céu (m)	zgârie-nori (m)	['zgirie norʲ]

fachada (f)	faţadă (f)	[fa'tsadə]
telhado (m)	acoperiş (n)	[akope'riʃ]
janela (f)	fereastră (f)	[fe'rʲastrə]
arco (m)	arc (n)	[ark]
coluna (f)	coloană (f)	[kolo'anə]
esquina (f)	colţ (n)	[kolts]

vitrine (f)	vitrină (f)	[vi'trinə]
letreiro (m)	firmă (f)	['firmə]
cartaz (do filme, etc.)	afiş (n)	[a'fiʃ]
cartaz (m) publicitário	afişaj (n)	[afi'ʃaʒ]

painel (m) publicitário	panou (n) publicitar	[pa'nu publitʃi'tar]
lixo (m)	gunoi (n)	[gu'noj]
lata (f) de lixo	coş (n) de gunoi	[koʃ de gu'noj]
jogar lixo na rua	a face murdărie	[a 'fatʃe murdə'rie]
aterro (m) sanitário	groapă (f) de gunoi	[gro'apə de gu'noj]
orelhão (m)	cabină (f) telefonică	[ka'binə tele'fonikə]
poste (m) de luz	stâlp (m) de felinar	[stɨlp de feli'nar]
banco (m)	bancă (f)	['bankə]
polícia (m)	poliţist (m)	[poli'tsist]
polícia (instituição)	poliţie (f)	[po'litsie]
mendigo, pedinte (m)	cerşetor (m)	[tʃerʃe'tor]
desabrigado (m)	vagabond (m)	[vaga'bond]

29. Instituições urbanas

loja (f)	magazin (n)	[maga'zin]
drogaria (f)	farmacie (f)	[farma'tʃie]
ótica (f)	optică (f)	['optikə]
centro (m) comercial	centru (n) comercial	['tʃentru komertʃi'al]
supermercado (m)	supermarket (n)	[super'market]
padaria (f)	brutărie (f)	[brute'rie]
padeiro (m)	brutar (m)	[bru'tar]
pastelaria (f)	cofetărie (f)	[kofetə'rie]
mercearia (f)	băcănie (f)	[bəkə'nie]
açougue (m)	halã (f) de carne	['halə de 'karne]
fruteira (f)	magazin (m) de legume	[maga'zin de le'gume]
mercado (m)	piaţă (f)	['pjatsə]
cafeteria (f)	cafenea (f)	[kafe'nʲa]
restaurante (m)	restaurant (n)	[restau'rant]
bar (m)	berărie (f)	[berə'rie]
pizzaria (f)	pizzerie (f)	[pitse'rie]
salão (m) de cabeleireiro	frizerie (f)	[frize'rie]
agência (f) dos correios	poştă (f)	['poʃtə]
lavanderia (f)	curăţătorie (f) chimică	[kurətsəto'rie 'kimikə]
estúdio (m) fotográfico	atelier (n) foto	[ate'ljer 'foto]
sapataria (f)	magazin (n) de încălţăminte	[maga'zin de ɨnkəltsə'minte]
livraria (f)	librărie (f)	[librə'rie]
loja (f) de artigos esportivos	magazin (n) sportiv	[maga'zin spor'tiv]
costureira (m)	croitorie (f)	[kroito'rie]
aluguel (m) de roupa	închiriere (f) de haine	[ɨnki'rjere de 'hajne]
videolocadora (f)	închiriere (f) de filme	[ɨnki'rjere de 'filme]
circo (m)	circ (n)	[tʃirk]
jardim (m) zoológico	grădină (f) zoologică	[grə'dinə zoo'lodʒikə]
cinema (m)	cinematograf (n)	[tʃinemato'graf]
museu (m)	muzeu (n)	[mu'zeu]

biblioteca (f)	bibliotecă (f)	[biblio'tekə]
teatro (m)	teatru (n)	[te'atru]
ópera (f)	operă (f)	['operə]
boate (casa noturna)	club (n) de noapte	['klub de no'apte]
cassino (m)	cazinou (n)	[kazi'nou]
mesquita (f)	moschee (f)	[mos'kee]
sinagoga (f)	sinagogă (f)	[sina'gogə]
catedral (f)	catedrală (f)	[kate'dralə]
templo (m)	templu (n)	['templu]
igreja (f)	biserică (f)	[bi'serikə]
faculdade (f)	institut (n)	[insti'tut]
universidade (f)	universitate (f)	[universi'tate]
escola (f)	şcoală (f)	[ʃko'alə]
prefeitura (f)	prefectură (f)	[prefek'turə]
câmara (f) municipal	primărie (f)	[primə'rie]
hotel (m)	hotel (n)	[ho'tel]
banco (m)	bancă (f)	['bankə]
embaixada (f)	ambasadă (f)	[amba'sadə]
agência (f) de viagens	agenţie (f) de turism	[adʒen'tsie de tu'rism]
agência (f) de informações	birou (n) de informaţii	[bi'rou de infor'matsij]
casa (f) de câmbio	schimb (n) valutar	[skimb valu'tar]
metrô (m)	metrou (n)	[me'trou]
hospital (m)	spital (n)	[spi'tal]
posto (m) de gasolina	benzinărie (f)	[benzinə'rie]
parque (m) de estacionamento	parcare (f)	[par'kare]

30. Sinais

letreiro (m)	firmă (f)	['firmə]
aviso (m)	inscripţie (f)	[in'skriptsie]
cartaz, pôster (m)	afiş (n)	[a'fiʃ]
placa (f) de direção	semn (n)	[semn]
seta (f)	indicator (n)	[indika'tor]
aviso (advertência)	avertisment (n)	[avertis'ment]
sinal (m) de aviso	avertisment (n)	[avertis'ment]
avisar, advertir (vt)	a avertiza	[a averti'za]
dia (m) de folga	zi (f) de odihnă	[zi de o'dihnə]
horário (~ dos trens, etc.)	orar (n)	[o'rar]
horário (m)	ore (f pl) de lucru	['ore de 'lukru]
BEM-VINDOS!	BINE AŢI VENIT!	['bine 'atsʲ ve'nit]
ENTRADA	INTRARE	[in'trare]
SAÍDA	IEŞIRE	[je'ʃire]
EMPURRE	ÎMPINGE	[im'pindʒe]
PUXE	TRAGE	['tradʒe]

| ABERTO | DESCHIS | [des'kis] |
| FECHADO | ÎNCHIS | [in'kis] |

| MULHER | PENTRU FEMEI | ['pentru fe'mej] |
| HOMEM | PENTRU BĂRBAȚI | ['pentru bər'batsi] |

DESCONTOS	REDUCERI	[re'dutʃeri]
SALDOS, PROMOÇÃO	LICHIDARE DE STOC	[liki'dare de stok]
NOVIDADE!	NOU	['nou]
GRÁTIS	GRATUIT	[gratu'it]

ATENÇÃO!	ATENȚIE!	[a'tentsie]
NÃO HÁ VAGAS	NU SUNT LOCURI	[nu 'sunt 'lokuri]
RESERVADO	REZERVAT	[rezer'vat]

ADMINISTRAÇÃO	ADMINISTRAȚIE	[adminis'tratsie]
SOMENTE PESSOAL	NUMAI PENTRU ANGAJAȚI	['numaj 'pentru anga'ʒats]
AUTORIZADO		

CUIDADO CÃO FEROZ	CÂINE RĂU	['kine 'rəu]
PROIBIDO FUMAR!	NU FUMAȚI!	[nu fu'mats]
NÃO TOCAR	NU ATINGEȚI!	[nu a'tindʒets]

PERIGOSO	PERICULOS	[periku'los]
PERIGO	PERICOL	[pe'rikol]
ALTA TENSÃO	TENSIUNE ÎNALTĂ	[tensi'une i'naltə]
PROIBIDO NADAR	SCĂLDATUL INTERZIS!	[skəl'datul inter'zis]
COM DEFEITO	NU FUNCȚIONEAZĂ	[nu funktsio'niazə]

INFLAMÁVEL	INFLAMABIL	[infla'mabil]
PROIBIDO	INTERZIS	[inter'zis]
ENTRADA PROIBIDA	TRECEREA INTERZISĂ	['tretʃeria inter'zisə]
CUIDADO TINTA FRESCA	PROASPĂT VOPSIT	[pro'aspət vop'sit]

31. Compras

comprar (vt)	a cumpăra	[a kumpə'ra]
compra (f)	cumpărătură (f)	[kumpərə'turə]
fazer compras	a face cumpărături	[a 'fatʃe kumpərə'turi]
compras (f pl)	shopping (n)	['ʃoping]

| estar aberta (loja) | a fi deschis | [a fi des'kis] |
| estar fechada | a se închide | [a se in'kide] |

calçado (m)	încălțăminte (f)	[inkəltsə'minte]
roupa (f)	haine (f pl)	['hajne]
cosméticos (m pl)	cosmetică (f)	[kos'metikə]
alimentos (m pl)	produse (n pl)	[pro'duse]
presente (m)	cadou (n)	[ka'dou]

vendedor (m)	vânzător (m)	[vinzə'tor]
vendedora (f)	vânzătoare (f)	[vinzəto'are]
caixa (f)	casă (f)	['kasə]
espelho (m)	oglindă (f)	[og'lində]

| balcão (m) | tejghea (f) | [teʒ'gʲa] |
| provador (m) | cabină (f) de probă | [ka'binə de 'probə] |

provar (vt)	a proba	[a pro'ba]
servir (roupa, caber)	a veni	[a ve'ni]
gostar (apreciar)	a plăcea	[a plə'tʃa]

preço (m)	preţ (n)	[prets]
etiqueta (f) de preço	indicator (n) de preţuri	[indika'tor de 'pretsurʲ]
custar (vt)	a costa	[a kos'ta]
Quanto?	Cât?	[kɨt]
desconto (m)	reducere (f)	[re'dutʃere]

não caro (adj)	ieftin	['jeftin]
barato (adj)	ieftin	['jeftin]
caro (adj)	scump	[skump]
É caro	E scump	[e skump]

aluguel (m)	închiriere (f)	[ɨnkiri'ere]
alugar (roupas, etc.)	a lua în chirie	[a lu'a ɨn ki'rie]
crédito (m)	credit (n)	['kredit]
a crédito	în credit	[ɨn 'kredit]

VESTUÁRIO & ACESSÓRIOS

32. Roupa exterior. Casacos

roupa (f)	îmbrăcăminte (f)	[imbrəkə'minte]
roupa (f) exterior	haină (f)	['hajnə]
roupa (f) de inverno	îmbrăcăminte (f) de iarnă	[imbrəkə'minte de 'jarnə]
sobretudo (m)	palton (n)	[pal'ton]
casaco (m) de pele	şubă (f)	['ʃubə]
jaqueta (f) de pele	scurtă (f) îmblănită	['skurtə imblə'nitə]
casaco (m) acolchoado	scurtă (f) de puf	['skurtə de 'puf]
casaco (m), jaqueta (f)	scurtă (f)	['skurtə]
impermeável (m)	trenci (f)	[trentʃi]
a prova d'água	impermeabil (n)	[imperme'abil]

33. Vestuário de homem & mulher

camisa (f)	cămaşă (f)	[kə'maʃə]
calça (f)	pantaloni (m pl)	[panta'loni]
jeans (m)	blugi (m pl)	[bludʒi]
paletó, terno (m)	sacou (n)	[sa'kou]
terno (m)	costum (n)	[kos'tum]
vestido (ex. ~ de noiva)	rochie (f)	['rokie]
saia (f)	fustă (f)	['fustə]
blusa (f)	bluză (f)	['bluzə]
casaco (m) de malha	jachetă (f) tricotată	[ʒa'ketə triko'tatə]
casaco, blazer (m)	jachetă (f)	[ʒa'ketə]
camiseta (f)	tricou (n)	[tri'kou]
short (m)	şorturi (n pl)	['ʃorturi]
training (m)	costum (n) sportiv	[kos'tum spor'tiv]
roupão (m) de banho	halat (n)	[ha'lat]
pijama (m)	pijama (f)	[piʒa'ma]
suéter (m)	sveter (n)	['sveter]
pulôver (m)	pulover (n)	[pu'lover]
colete (m)	vestă (f)	['vestə]
fraque (m)	frac (n)	[frak]
smoking (m)	smoching (n)	['smoking]
uniforme (m)	uniformă (f)	[uni'formə]
roupa (f) de trabalho	haină (f) de lucru	['hajnə de 'lukru]
macacão (m)	salopetă (f)	[salo'petə]
jaleco (m), bata (f)	halat (n)	[ha'lat]

34. Vestuário. Roupa interior

roupa (f) íntima	lenjerie (f) de corp	[lenʒe'rie de 'korp]
camiseta (f)	maiou (n)	[ma'jou]
meias (f pl)	şosete (f pl)	[ʃo'sete]
camisola (f)	cămaşă (f) de noapte	[kə'maʃə de no'apte]
sutiã (m)	sutien (n)	[su'tjen]
meias longas (f pl)	ciorapi (m pl)	[tʃio'rapʲ]
meias-calças (f pl)	ciorapi pantalon (m pl)	[tʃio'rapʲ panta'lon]
meias (~ de nylon)	ciorapi (m pl)	[tʃio'rapʲ]
maiô (m)	costum (n) de baie	[kos'tum de 'bae]

35. Adereços de cabeça

chapéu (m), touca (f)	căciulă (f)	[kə'tʃiulə]
chapéu (m) de feltro	pălărie (f)	[pələ'rie]
boné (m) de beisebol	şapcă (f)	['ʃapkə]
boina (~ italiana)	chipiu (n)	[ki'pju]
boina (ex. ~ basca)	beretă (f)	[be'retə]
capuz (m)	glugă (f)	['glugə]
chapéu panamá (m)	panama (f)	[pana'ma]
touca (f)	căciulă (f) împletită	[kə'tʃiulə imple'titə]
lenço (m)	basma (f)	[bas'ma]
chapéu (m) feminino	pălărie (f) de damă	[pələ'rie de 'damə]
capacete (m) de proteção	cască (f)	['kaskə]
bibico (m)	bonetă (f)	[bo'netə]
capacete (m)	coif (n)	[kojf]
chapéu-coco (m)	pălărie (f)	[pələ'rie]
cartola (f)	joben (n)	[ʒo'ben]

36. Calçado

calçado (m)	încălţăminte (f)	[ɨnkəltsə'minte]
botinas (f pl), sapatos (m pl)	ghete (f pl)	['gete]
sapatos (de salto alto, etc.)	pantofi (m pl)	[pan'tofʲ]
botas (f pl)	cizme (f pl)	['tʃizme]
pantufas (f pl)	şlapi (m pl)	[ʃlapʲ]
tênis (~ Nike, etc.)	adidaşi (m pl)	[a'didaʃ]
tênis (~ Converse)	tenişi (m pl)	['teniʃ]
sandálias (f pl)	sandale (f pl)	[san'dale]
sapateiro (m)	cizmar (m)	[tʃiz'mar]
salto (m)	toc (n)	[tok]
par (m)	pereche (f)	[pe'reke]
cadarço (m)	şiret (n)	[ʃi'ret]

amarrar os cadarços	a şnurui	[a ʃnuru'i]
calçadeira (f)	lingură (f) pentru pantofi	['lingurə 'pentru pan'tofʲ]
graxa (f) para calçado	cremă (f) de ghete	['kremə de 'gete]

37. Acessórios pessoais

luva (f)	mănuşi (f pl)	[mə'nuʃ]
mitenes (f pl)	mănuşi (f pl) cu un singur deget	[mə'nuʃ ku un 'singur 'dedʒet]
cachecol (m)	fular (m)	[fu'lar]
óculos (m pl)	ochelari (m pl)	[oke'larʲ]
armação (f)	ramă (f)	['ramə]
guarda-chuva (m)	umbrelă (f)	[um'brelə]
bengala (f)	baston (n)	[bas'ton]
escova (f) para o cabelo	perie (f) de păr	[pe'rie de pər]
leque (m)	evantai (n)	[evan'taj]
gravata (f)	cravată (f)	[kra'vatə]
gravata-borboleta (f)	papion (n)	[papi'on]
suspensórios (m pl)	bretele (f pl)	[bre'tele]
lenço (m)	batistă (f)	[ba'tistə]
pente (m)	pieptene (m)	['pjeptəne]
fivela (f) para cabelo	agrafă (f)	[a'grafə]
grampo (m)	ac (n) de păr	[ak de pər]
fivela (f)	cataramă (f)	[kata'ramə]
cinto (m)	cordon (n)	[kor'don]
alça (f) de ombro	curea (f)	[ku'rʲa]
bolsa (f)	geantă (f)	['dʒantə]
bolsa (feminina)	poşetă (f)	[po'ʃetə]
mochila (f)	rucsac (n)	[ruk'sak]

38. Vestuário. Diversos

moda (f)	modă (f)	['modə]
na moda (adj)	la modă	[la 'modə]
estilista (m)	modelier (n)	[mode'ljer]
colarinho (m)	guler (n)	['guler]
bolso (m)	buzunar (n)	[buzu'nar]
de bolso	de buzunar	[de buzu'nar]
manga (f)	mânecă (f)	['minekə]
ganchinho (m)	gaică (f)	['gajkə]
bragueta (f)	şliţ (n)	[ʃlits]
zíper (m)	fermoar (n)	[fermo'ar]
colchete (m)	capsă (f)	['kapsə]
botão (m)	nasture (m)	['nasture]
botoeira (casa de botão)	butonieră (f)	[buto'njerə]

soltar-se (vr)	a se rupe	[a se 'rupe]
costurar (vi)	a coase	[a ko'ase]
bordar (vt)	a broda	[a bro'da]
bordado (m)	broderie (f)	[brode'rie]
agulha (f)	ac (n)	[ak]
fio, linha (f)	ață (f)	['atsə]
costura (f)	cusătură (f)	[kusə'turə]

sujar-se (vr)	a se murdări	[a se murdə'ri]
mancha (f)	pată (f)	['patə]
amarrotar-se (vr)	a se șifona	[a se ʃifo'na]
rasgar (vt)	a rupe	[a 'rupe]
traça (f)	molie (f)	['molie]

39. Cuidados pessoais. Cosméticos

pasta (f) de dente	pastă (f) de dinți	['pastə de dintsʲ]
escova (f) de dente	periuță (f) de dinți	[peri'utsə de dintsʲ]
escovar os dentes	a se spăla pe dinți	[a se spə'la pe dintsʲ]

gilete (f)	brici (n)	['britʃi]
creme (m) de barbear	cremă (f) de bărbierit	['kreme de bərbie'rit]
barbear-se (vr)	a se bărbieri	[a se bərbie'ri]

| sabonete (m) | săpun (n) | [sə'pun] |
| xampu (m) | șampon (n) | [ʃam'pon] |

tesoura (f)	foarfece (n)	[fo'arfetʃe]
lixa (f) de unhas	pilă (f) de unghii	['pilə de 'ungij]
corta-unhas (m)	cleștișor (n)	[kleʃti'ʃor]
pinça (f)	pensetă (f)	[pen'setə]

cosméticos (m pl)	cosmetică (f)	[kos'metikə]
máscara (f)	mască (f)	['maskə]
manicure (f)	manichiură (f)	[mani'kjurə]
fazer as unhas	a face manichiura	[a 'fatʃe mani'kjura]
pedicure (f)	pedichiură (f)	[pedi'kjurə]

bolsa (f) de maquiagem	trusă (f) de cosmetică	['trusə de kos'metikə]
pó (de arroz)	pudră (f)	['pudrə]
pó (m) compacto	pudrieră (f)	[pudri'erə]
blush (m)	fard de obraz (n)	[fard de o'braz]

perfume (m)	parfum (n)	[par'fum]
água-de-colônia (f)	apă de toaletă (f)	['ape de toa'letə]
loção (f)	loțiune (f)	[lotsi'une]
colônia (f)	colonie (f)	[ko'lonie]

sombra (f) de olhos	fard (n) de pleoape	[fard 'pentru pleo'ape]
delineador (m)	creion (n) de ochi	[kre'jon 'pentru okʲ]
máscara (f), rímel (m)	rimel (n)	[ri'mel]

| batom (m) | ruj (n) | [ruʒ] |
| esmalte (m) | ojă (f) | ['oʒə] |

laquê (m), spray fixador (m)	gel (n) de păr	[ʤel de pər]
desodorante (m)	deodorant (n)	[deodo'rant]
creme (m)	cremă (f)	['kremə]
creme (m) de rosto	cremă (f) de faţă	['kremə de 'faʦə]
creme (m) de mãos	cremă (f) pentru mâini	['kremə 'pentru minʲ]
creme (m) antirrugas	cremă (f) anti-rid	['kremə 'anti rid]
de dia	de zi	[de zi]
da noite	de noapte	[de no'apte]
absorvente (m) interno	tampon (n)	[tam'pon]
papel (m) higiênico	hârtie (f) igienică	[hir'tie idʒi'enikə]
secador (m) de cabelo	uscător (n) de păr	[uskə'tor de pər]

40. Relógios de pulso. Relógios

relógio (m) de pulso	ceas (n) de mână	[ʧas de 'minə]
mostrador (m)	cadran (n)	[ka'dran]
ponteiro (m)	acul (n) ceasornicului	['akul ʧasor'nikuluj]
bracelete (em aço)	brăţară (f)	[brə'tsarə]
bracelete (em couro)	curea (f)	[ku'rʲa]
pilha (f)	baterie (f)	[bate'rie]
acabar (vi)	a se termina	[a se termi'na]
trocar a pilha	a schimba bateria	[a skim'ba bate'rija]
estar adiantado	a merge înainte	[a 'merʤe ina'inte]
estar atrasado	a rămâne în urmă	[a rə'mine in 'urmə]
relógio (m) de parede	pendulă (f)	[pen'dulə]
ampulheta (f)	clepsidră (f)	[klep'sidrə]
relógio (m) de sol	cadran (n) solar	[ka'dran so'lar]
despertador (m)	ceas (n) deşteptător	[ʧas deʃteptə'tor]
relojoeiro (m)	ceasornicar (m)	[ʧasorni'kar]
reparar (vt)	a repara	[a repa'ra]

EXPERIÊNCIA DO QUOTIDIANO

41. Dinheiro

dinheiro (m)	**bani** (m pl)	[banʲ]
câmbio (m)	**schimb** (n)	[skimb]
taxa (f) de câmbio	**curs** (n)	[kurs]
caixa (m) eletrônico	**bancomat** (n)	[banko'mat]
moeda (f)	**monedă** (f)	[mo'nedə]
dólar (m)	**dolar** (m)	[do'lar]
euro (m)	**euro** (m)	['euro]
lira (f)	**liră** (f)	['lirə]
marco (m)	**marcă** (f)	['markə]
franco (m)	**franc** (m)	[frank]
libra (f) esterlina	**liră** (f) **sterlină**	['lirə ster'linə]
iene (m)	**yen** (f)	['jen]
dívida (f)	**datorie** (f)	[dato'rie]
devedor (m)	**datornic** (m)	[da'tornik]
emprestar (vt)	**a da cu împrumut**	[a da ku impru'mut]
pedir emprestado	**a lua cu împrumut**	[a lu'a ku impru'mut]
banco (m)	**bancă** (f)	['bankə]
conta (f)	**cont** (n)	[kont]
depositar na conta	**a pune în cont**	[a 'pune in 'kont]
sacar (vt)	**a scoate din cont**	[a sko'ate din kont]
cartão (m) de crédito	**carte** (f) **de credit**	['karte de 'kredit]
dinheiro (m) vivo	**numerar** (n)	[nume'rar]
cheque (m)	**cec** (n)	[tʃek]
passar um cheque	**a scrie un cec**	[a 'skrie un tʃek]
talão (m) de cheques	**carte** (f) **de cecuri**	['karte de 'tʃekurʲ]
carteira (f)	**portvizit** (n)	[portvi'zit]
niqueleira (f)	**portofel** (n)	[porto'fel]
cofre (m)	**seif** (n)	['sejf]
herdeiro (m)	**moştenitor** (m)	[moʃteni'tor]
herança (f)	**moştenire** (f)	[moʃte'nire]
fortuna (riqueza)	**avere** (f)	[a'vere]
arrendamento (m)	**arendă** (f)	[a'rendə]
aluguel (pagar o ~)	**chirie** (f)	[ki'rie]
alugar (vt)	**a închiria**	[a inkiri'ja]
preço (m)	**preţ** (n)	[prets]
custo (m)	**valoare** (f)	[valo'are]
soma (f)	**sumă** (f)	['sumə]

gastar (vt)	a cheltui	[a keltu'i]
gastos (m pl)	cheltuieli (f pl)	[keltu'elʲ]
economizar (vi)	a economisi	[a ekonomi'si]
econômico (adj)	econom	[eko'nom]

pagar (vt)	a plăti	[a plə'ti]
pagamento (m)	plată (f)	['platə]
troco (m)	rest (n)	[rest]

imposto (m)	impozit (n)	[im'pozit]
multa (f)	amendă (f)	[a'mendə]
multar (vt)	a amenda	[a amen'da]

42. Correios. Serviço postal

agência (f) dos correios	poştă (f)	['poʃtə]
correio (m)	corespondenţă (f)	[korespon'dentsə]
carteiro (m)	poştaş (m)	[poʃ'taʃ]
horário (m)	ore (f pl) de lucru	['ore de 'lukru]

carta (f)	scrisoare (f)	[skriso'are]
carta (f) registada	scrisoare (f) recomandată	[skriso'are rekoman'datə]
cartão (m) postal	carte (f) poştală	['karte poʃ'talə]
telegrama (m)	telegramă (f)	[tele'gramə]
encomenda (f)	colet (n)	[ko'let]
transferência (f) de dinheiro	mandat (n) poştal	[man'dat poʃ'tal]

receber (vt)	a primi	[a pri'mi]
enviar (vt)	a expedia	[a ekspedi'ja]
envio (m)	expediere (f)	[ekspe'djere]

endereço (m)	adresă (f)	[a'dresə]
código (m) postal	cod (n) poştal	[kod poʃ'tal]
remetente (m)	expeditor (m)	[ekspedi'tor]
destinatário (m)	destinatar (m)	[destina'tar]
nome (m)	prenume (n)	[pre'nume]
sobrenome (m)	nume (n)	['nume]

tarifa (f)	tarif (n)	[ta'rif]
ordinário (adj)	normal	[nor'mal]
econômico (adj)	econom	[eko'nom]

peso (m)	greutate (f)	[greu'tate]
pesar (estabelecer o peso)	a cântări	[a kintə'ri]
envelope (m)	plic (n)	[plik]
selo (m) postal	timbru (n)	['timbru]
colar o selo	a lipi timbrul	[a li'pi 'timbrul]

43. Banca

banco (m)	bancă (f)	['bankə]
balcão (f)	sucursală (f)	[sukur'salə]

consultor (m) bancário	**consultant** (m)	[konsul'tant]
gerente (m)	**director** (m)	[di'rektor]
conta (f)	**cont** (n)	[kont]
número (m) da conta	**numărul** (n) **contului**	['numərul 'kontuluj]
conta (f) corrente	**cont** (n) **curent**	[kont ku'rent]
conta (f) poupança	**cont** (n) **de acumulare**	[kont de akumu'lare]
abrir uma conta	**a deschide un cont**	[a des'kide un kont]
fechar uma conta	**a închide contul**	[a i'nkide 'kontul]
depositar na conta	**a pune în cont**	[a 'pune in 'kont]
sacar (vt)	**a extrage din cont**	[a eks'tradʒe din kont]
depósito (m)	**depozit** (n)	[de'pozit]
fazer um depósito	**a depune**	[a de'pune]
transferência (f) bancária	**transfer** (n)	[trans'fer]
transferir (vt)	**a transfera**	[a transfe'ra]
soma (f)	**sumă** (f)	['sumə]
Quanto?	**Cât?**	[kit]
assinatura (f)	**semnătură** (f)	[semnə'turə]
assinar (vt)	**a semna**	[a sem'na]
cartão (m) de crédito	**carte** (f) **de credit**	['karte de 'kredit]
senha (f)	**cod** (n)	[kod]
número (m) do cartão de crédito	**numărul** (n) **cărții de credit**	['numərul kərtsij de 'kredit]
caixa (m) eletrônico	**bancomat** (n)	[banko'mat]
cheque (m)	**cec** (n)	[tʃek]
passar um cheque	**a scrie un cec**	[a 'skrie un tʃek]
talão (m) de cheques	**carte** (f) **de cecuri**	['karte de 'tʃekuri]
empréstimo (m)	**credit** (n)	['kredit]
pedir um empréstimo	**a solicita un credit**	[a solitʃi'ta pe 'kredit]
obter empréstimo	**a lua pe credit**	[a lu'a pe 'kredit]
dar um empréstimo	**a acorda credit**	[a akor'da 'kredit]
garantia (f)	**garanție** (f)	[garan'tsie]

44. Telefone. Conversação telefônica

telefone (m)	**telefon** (n)	[tele'fon]
celular (m)	**telefon** (n) **mobil**	[tele'fon mo'bil]
secretária (f) eletrônica	**răspuns** (n) **automat**	[rəs'puns auto'mat]
fazer uma chamada	**a suna, a telefona**	[a su'na], [a tele'fona]
chamada (f)	**apel** (n), **convorbire** (f)	[a'pel], [konvor'bire]
discar um número	**a forma un număr**	[a for'ma un 'numər]
Alô!	**Alo!**	[a'lo]
perguntar (vt)	**a întreba**	[a intre'ba]
responder (vt)	**a răspunde**	[a rəs'punde]
ouvir (vt)	**a auzi**	[a au'zi]

bem	bine	['bine]
mal	rău	['rəu]
ruído (m)	bruiaj (n)	[bru'jaʒ]

fone (m)	receptor (n)	[retʃep'tor]
pegar o telefone	a lua receptorul	[a lu'a retʃep'torul]
desligar (vi)	a pune receptorul	[a 'pune retʃep'torul]

ocupado (adj)	ocupat	[oku'pat]
tocar (vi)	a suna	[a su'na]
lista (f) telefônica	carte (f) de telefon	['karte de tele'fon]

local (adj)	local	[lo'kal]
chamada (f) local	apel (n) local	[a'pel lo'kal]
de longa distância	interurban	[interur'ban]
chamada (f) de longa distância	apel (n) interurban	[a'pel interur'ban]
internacional (adj)	internaţional	[internatsio'nal]
chamada (f) internacional	apel (n) interna ional	[a'pel internatsio'nal]

45. Telefone móvel

celular (m)	telefon (n) mobil	[tele'fon mo'bil]
tela (f)	ecran (n)	[e'kran]
botão (m)	buton (n)	[bu'ton]
cartão SIM (m)	cartelă (f) SIM	[kar'telə 'sim]

bateria (f)	baterie (f)	[bate'rie]
descarregar-se (vr)	a se descărca	[a se deskər'ka]
carregador (m)	încărcător (m)	[ɨnkərkə'tor]

menu (m)	meniu (n)	[me'nju]
configurações (f pl)	setări (f)	[se'tərĭ]
melodia (f)	melodie (f)	[melo'die]
escolher (vt)	a selecta	[a selek'ta]

calculadora (f)	calculator (n)	[kalkula'tor]
correio (m) de voz	răspuns (n) automat	[rəs'puns auto'mat]
despertador (m)	ceas (n) deşteptător	[tʃas deʃteptə'tor]
contatos (m pl)	carte (f) de telefoane	['karte de telefo'ane]

mensagem (f) de texto	SMS (n)	[ese'mes]
assinante (m)	abonat (m)	[abo'nat]

46. Estacionário

caneta (f)	stilou (n)	[sti'lou]
caneta (f) tinteiro	condei (n)	[kon'dej]

lápis (m)	creion (n)	[kre'jon]
marcador (m) de texto	marcher (n)	['marker]
caneta (f) hidrográfica	cariocă (f)	[kari'okə]

| bloco (m) de notas | carnețel (n) | [karne'tsəl] |
| agenda (f) | agendă (f) | [a'dʒendə] |

régua (f)	riglă (f)	['riglə]
calculadora (f)	calculator (f)	[kalkula'tor]
borracha (f)	radieră (f)	[radi'erə]
alfinete (m)	piuneză (f)	[pju'nezə]
clipe (m)	clamă (f)	['klamə]

cola (f)	lipici (n)	[li'pitʃi]
grampeador (m)	capsator (n)	[kapsa'tor]
furador (m) de papel	perforator (n)	[perfo'rator]
apontador (m)	ascuțitoare (f)	[askutsito'are]

47. Línguas estrangeiras

língua (f)	limbă (f)	['limbə]
estrangeiro (adj)	străin	[strə'in]
estudar (vt)	a studia	[a studi'a]
aprender (vt)	a învăța	[a inve'tsa]

ler (vt)	a citi	[a tʃi'ti]
falar (vi)	a vorbi	[a vor'bi]
entender (vt)	a înțelege	[a intse'ledʒe]
escrever (vt)	a scrie	[a 'skrie]

rapidamente	repede	['repede]
devagar, lentamente	încet	[in'tʃet]
fluentemente	liber	['liber]

regras (f pl)	reguli (f pl)	['regulʲ]
gramática (f)	gramatică (f)	[gra'matikə]
vocabulário (m)	lexic (n)	['leksik]
fonética (f)	fonetică (f)	[fo'netikə]

livro (m) didático	manual (n)	[manu'al]
dicionário (m)	dicționar (n)	[diktsio'nar]
manual (m) autodidático	manual (n) autodidactic	[manu'al autodi'daktik]
guia (m) de conversação	ghid (n) de conversație	[gid de konver'satsie]

fita (f) cassete	casetă (f)	[ka'setə]
videoteipe (m)	casetă (f) video	[ka'setə 'video]
CD (m)	CD (n)	[si'di]
DVD (m)	DVD (n)	[divi'di]

alfabeto (m)	alfabet (n)	[alfa'bet]
soletrar (vt)	a spune pe litere	[a vor'bi pe 'litere]
pronúncia (f)	pronunție (f)	[pro'nuntsie]

sotaque (m)	accent (n)	[ak'tʃent]
com sotaque	cu accent	['ku ak'tʃent]
sem sotaque	fără accent	['fərə ak'tʃent]
palavra (f)	cuvânt (n)	[ku'vint]
sentido (m)	sens (n)	[sens]

curso (m)	cursuri (n)	['kursuri]
inscrever-se (vr)	a se înscrie	[a se in'skrie]
professor (m)	profesor (m)	[pro'fesor]

tradução (processo)	traducere (f)	[tra'dutʃere]
tradução (texto)	traducere (f)	[tra'dutʃere]
tradutor (m)	traducător (m)	[traduke'tor]
intérprete (m)	translator (m)	[trans'lator]

| poliglota (m) | poliglot (m) | [poli'glot] |
| memória (f) | memorie (f) | [me'morie] |

REFEIÇÕES. RESTAURANTE

48. Por a mesa

colher (f)	lingură (f)	['lingurə]
faca (f)	cuțit (n)	[ku'tsit]
garfo (m)	furculiță (f)	[furku'litsə]
xícara (f)	ceașcă (f)	['tʃaʃkə]
prato (m)	farfurie (f)	[farfu'rie]
pires (m)	farfurioară (f)	[farfurio'arə]
guardanapo (m)	șervețel (n)	[ʃərve'tsel]
palito (m)	scobitoare (f)	[skobito'are]

49. Restaurante

restaurante (m)	restaurant (n)	[restau'rant]
cafeteria (f)	cafenea (f)	[kafe'nʲa]
bar (m), cervejaria (f)	bar (n)	[bar]
salão (m) de chá	salon (n) de ceai	[sa'lon de tʃaj]
garçom (m)	chelner (m)	['kelner]
garçonete (f)	chelneriță (f)	[kelne'ritsə]
barman (m)	barman (m)	['barman]
cardápio (m)	meniu (n)	[me'nju]
lista (f) de vinhos	meniu (n) de vinuri	[menju de 'vinurʲ]
reservar uma mesa	a rezerva o masă	[a rezer'va o 'masə]
prato (m)	mâncare (f)	[mɨn'kare]
pedir (vt)	a comanda	[a koman'da]
fazer o pedido	a face comandă	[a 'fatʃe ko'mandə]
aperitivo (m)	aperitiv (n)	[aperi'tiv]
entrada (f)	gustare (f)	[gus'tare]
sobremesa (f)	desert (n)	[de'sert]
conta (f)	notă (f) de plată	['notə de 'platə]
pagar a conta	a achita nota de plată	[a aki'ta 'nota de 'platə]
dar o troco	a da rest	[a da 'rest]
gorjeta (f)	bacșiș (n)	[bak'ʃiʃ]

50. Refeições

comida (f)	mâncare (f)	[mɨn'kare]
comer (vt)	a mânca	[a mɨn'ka]

café (m) da manhã	micul dejun (n)	['mikul de'ʒun]
tomar café da manhã	a lua micul dejun	[a lu'a 'mikul de'ʒun]
almoço (m)	prânz (n)	[prinz]
almoçar (vi)	a lua prânzul	[a lu'a 'prinzul]
jantar (m)	cină (f)	['ʧînə]
jantar (vi)	a cina	[a ʧi'na]

apetite (m)	poftă (f) de mâncare	['poftə de mi'nkare]
Bom apetite!	Poftă bună!	['poftə 'bunə]

abrir (~ uma lata, etc.)	a deschide	[a des'kide]
derramar (~ líquido)	a vărsa	[a vər'sa]
derramar-se (vr)	a se vărsa	[a se vər'sa]

ferver (vi)	a fierbe	[a 'fjerbe]
ferver (vt)	a fierbe	[a 'fjerbe]
fervido (adj)	fiert	[fiert]
esfriar (vt)	a răci	[a rə'ʧi]
esfriar-se (vr)	a se răci	[a se rə'ʧi]

sabor, gosto (m)	gust (n)	[gust]
fim (m) de boca	aromă (f)	[a'romə]

emagrecer (vi)	a slăbi	[a slə'bi]
dieta (f)	dietă (f)	[di'etə]
vitamina (f)	vitamină (f)	[vita'minə]
caloria (f)	calorie (f)	[kalo'rie]
vegetariano (m)	vegetarian (m)	[vedʒetari'an]
vegetariano (adj)	vegetarian	[vedʒetari'an]

gorduras (f pl)	grăsimi (f pl)	[grə'simʲ]
proteínas (f pl)	proteine (f pl)	[prote'ine]
carboidratos (m pl)	hidraţi (m pl) de carbon	[hi'dratsʲ de kar'bon]
fatia (~ de limão, etc.)	felie (f)	[fe'lie]
pedaço (~ de bolo)	bucată (f)	[bu'katə]
migalha (f), farelo (m)	firimitură (f)	[firimi'turə]

51. Pratos cozinhados

prato (m)	fel (n) de mâncare	[fel de mi'nkare]
cozinha (~ portuguesa)	bucătărie (f)	[bukətə'rie]
receita (f)	reţetă (f)	[re'tsetə]
porção (f)	porţie (f)	['portsie]

salada (f)	salată (f)	[sa'latə]
sopa (f)	supă (f)	['supə]

caldo (m)	supă (f) de carne	['supə de 'karne]
sanduíche (m)	tartină (f)	[tar'tinə]
ovos (m pl) fritos	omletă (f)	[om'letə]

hambúrguer (m)	hamburger (m)	['hamburger]
bife (m)	biftec (n)	[bif'tek]
acompanhamento (m)	garnitură (f)	[garni'turə]

espaguete (m)	spaghete (f pl)	[spa'gete]
purê (m) de batata	piure (n) de cartofi	[pju're de kar'tofʲ]
pizza (f)	pizza (f)	['pitsa]
mingau (m)	caşă (f)	['kaʃə]
omelete (f)	omletă (f)	[om'letə]

fervido (adj)	fiert	[fiert]
defumado (adj)	afumat	[afu'mat]
frito (adj)	prăjit	[prə'ʒit]
seco (adj)	uscat	[us'kat]
congelado (adj)	congelat	[konʤe'lat]
em conserva (adj)	marinat	[mari'nat]

doce (adj)	dulce	['dulʧe]
salgado (adj)	sărat	[sə'rat]
frio (adj)	rece	['reʧe]
quente (adj)	fierbinte	[fier'binte]
amargo (adj)	amar	[a'mar]
gostoso (adj)	gustos	[gus'tos]

cozinhar em água fervente	a fierbe	[a 'fjerbe]
preparar (vt)	a găti	[a gə'ti]
fritar (vt)	a prăji	[a prə'ʒi]
aquecer (vt)	a încălzi	[a inkəl'zi]

salgar (vt)	a săra	[a sə'ra]
apimentar (vt)	a pipera	[a pipe'ra]
ralar (vt)	a da prin răzătoare	[a da prin rəzeto'are]
casca (f)	coajă (f)	[ko'aʒe]
descascar (vt)	a curăța	[a kurə'tsa]

52. Comida

carne (f)	carne (f)	['karne]
galinha (f)	carne (f) de găină	['karne de gə'inə]
frango (m)	carne (f) de pui	['karne de puj]
pato (m)	carne (f) de rață	['karne de 'ratsə]
ganso (m)	carne (f) de gâscă	['karne de 'giskə]
caça (f)	vânat (n)	[vi'nat]
peru (m)	carne (f) de curcan	['karne de 'kurkan]

carne (f) de porco	carne (f) de porc	['karne de pork]
carne (f) de vitela	carne (f) de vițel	['karne de vi'tsel]
carne (f) de carneiro	carne (f) de berbec	['karne de ber'bek]
carne (f) de vaca	carne (f) de vită	['karne de 'vitə]
carne (f) de coelho	carne (f) de iepure de casă	['karne de 'epure de 'kasə]

linguiça (f), salsichão (m)	salam (n)	[sa'lam]
salsicha (f)	crenvurşt (n)	[kren'vurʃt]
bacon (m)	costiță (f) afumată	[kos'titsə afu'matə]
presunto (m)	şuncă (f)	['ʃunkə]
pernil (m) de porco	pulpă (f)	['pulpə]
patê (m)	pateu (n)	[pa'teu]
fígado (m)	ficat (m)	[fi'kat]

| guisado (m) | carne (f) tocată | ['karne to'katə] |
| língua (f) | limbă (f) | ['limbə] |

ovo (m)	ou (n)	['ow]
ovos (m pl)	ouă (n pl)	['owə]
clara (f) de ovo	albuş (n)	[al'buʃ]
gema (f) de ovo	gălbenuş	[gəlbe'nuʃ]

peixe (m)	peşte (m)	['peʃte]
mariscos (m pl)	produse (n pl) marine	[pro'duse ma'rine]
caviar (m)	icre (f pl) de peşte	['ikre de 'peʃte]

caranguejo (m)	crab (m)	[krab]
camarão (m)	crevetă (f)	[kre'vetə]
ostra (f)	stridie (f)	['stridie]
lagosta (f)	langustă (f)	[lan'gustə]
polvo (m)	caracatiţă (f)	[kara'katitsə]
lula (f)	calmar (m)	[kal'mar]

esturjão (m)	carne (f) de nisetru	['karne de ni'setru]
salmão (m)	somon (m)	[so'mon]
halibute (m)	calcan (m)	[kal'kan]

bacalhau (m)	batog (m)	[ba'tog]
cavala, sarda (f)	macrou (n)	[ma'krou]
atum (m)	ton (m)	[ton]
enguia (f)	ţipar (m)	[tsi'par]

truta (f)	păstrăv (m)	[pəs'trəv]
sardinha (f)	sardea (f)	[sar'dʲa]
lúcio (m)	ştiucă (f)	['ʃtjukə]
arenque (m)	scrumbie (f)	[skrum'bie]

pão (m)	pâine (f)	['pine]
queijo (m)	caşcaval (n)	['brinzə]
açúcar (m)	zahăr (n)	['zahər]
sal (m)	sare (f)	['sare]

arroz (m)	orez (n)	[o'rez]
massas (f pl)	paste (f pl)	['paste]
talharim, miojo (m)	tăiţei (m)	[təi'tsej]

manteiga (f)	unt (n)	['unt]
óleo (m) vegetal	ulei (n) vegetal	[u'lej vedʒe'tal]
óleo (m) de girassol	ulei (n) de floarea-soarelui	[u'lej de flo'arʲa so'areluj]
margarina (f)	margarină (f)	[marga'rinə]

| azeitonas (f pl) | olive (f pl) | [o'live] |
| azeite (m) | ulei (n) de măsline | [u'lej de məs'line] |

leite (m)	lapte (n)	['lapte]
leite (m) condensado	lapte (n) condensat	['lapte konden'sat]
iogurte (m)	iaurt (n)	[ja'urt]
creme (m) azedo	smântână (f)	[smin'tinə]
creme (m) de leite	frişcă (f)	['friʃkə]
maionese (f)	maioneză (f)	[majo'nezə]

creme (m)	cremă (f)	['kremə]
grãos (m pl) de cereais	crupe (f pl)	['krupe]
farinha (f)	făină (f)	[fə'inə]
enlatados (m pl)	conserve (f pl)	[kon'serve]

flocos (m pl) de milho	fulgi (m pl) de porumb	['fuldʒi de po'rumb]
mel (m)	miere (f)	['mjere]
geleia (m)	gem (n)	[dʒem]
chiclete (m)	gumă (f) de mestecat	['gumə de meste'kat]

53. Bebidas

água (f)	apă (f)	['apə]
água (f) potável	apă (f) potabilă	['apə po'tabilə]
água (f) mineral	apă (f) minerală	['apə mine'ralə]

sem gás (adj)	necarbogazoasă	[nekarbogazo'asə]
gaseificada (adj)	carbogazoasă	[karbogazo'asə]
com gás	gazoasă	[gazo'asə]
gelo (m)	gheaţă (f)	['giatsə]
com gelo	cu gheaţă	[ku 'giatsə]

não alcoólico (adj)	fără alcool	['fərə alko'ol]
refrigerante (m)	băutură (f) fără alcool	[bəu'turə fərə alko'ol]
refresco (m)	băutură (f) răcoritoare	[bəu'turə rəkorito'are]
limonada (f)	limonadă (f)	[limo'nadə]

bebidas (f pl) alcoólicas	băuturi (f pl) alcoolice	[bəu'turi alko'olitʃe]
vinho (m)	vin (n)	[vin]
vinho (m) branco	vin (n) alb	[vin alb]
vinho (m) tinto	vin (n) roşu	[vin 'roʃu]

licor (m)	lichior (n)	[li'kør]
champanhe (m)	şampanie (f)	[ʃam'panie]
vermute (m)	vermut (n)	[ver'mut]

uísque (m)	whisky (n)	['wiski]
vodca (f)	votcă (f)	['votkə]
gim (n)	gin (n)	[dʒin]
conhaque (m)	coniac (n)	[ko'njak]
rum (m)	rom (n)	[rom]

café (m)	cafea (f)	[ka'fia]
café (m) preto	cafea (f) neagră	[ka'fia 'niagrə]
café (m) com leite	cafea (f) cu lapte	[ka'fia ku 'lapte]
cappuccino (m)	cafea (f) cu frişcă	[ka'fia ku 'friʃkə]
café (m) solúvel	cafea (f) solubilă	[ka'fia so'lubilə]

leite (m)	lapte (n)	['lapte]
coquetel (m)	cocteil (n)	[kok'tejl]
batida (f), milkshake (m)	cocteil (n) din lapte	[kok'tejl din 'lapte]

| suco (m) | suc (n) | [suk] |
| suco (m) de tomate | suc (n) de roşii | [suk de 'roʃij] |

suco (m) de laranja	suc (n) de portocale	[suk de porto'kale]
suco (m) fresco	suc (n) natural	[suk natu'ral]
cerveja (f)	bere (f)	['bere]
cerveja (f) clara	bere (f) blondă	['bere 'blondə]
cerveja (f) preta	bere (f) brună	['bere 'brunə]
chá (m)	ceai (n)	[ʧaj]
chá (m) preto	ceai (n) negru	[ʧaj 'negru]
chá (m) verde	ceai (n) verde	[ʧaj 'verde]

54. Vegetais

vegetais (m pl)	legume (f pl)	[le'gume]
verdura (f)	verdeață (f)	[ver'dʲaʦə]
tomate (m)	roşie (f)	['roʃie]
pepino (m)	castravete (m)	[kastra'vete]
cenoura (f)	morcov (m)	['morkov]
batata (f)	cartof (m)	[kar'tof]
cebola (f)	ceapă (f)	['ʧapə]
alho (m)	usturoi (m)	[ustu'roj]
couve (f)	varză (f)	['varzə]
couve-flor (f)	conopidă (f)	[kono'pidə]
couve-de-bruxelas (f)	varză (f) de Bruxelles	['varzə de bruk'sel]
brócolis (m pl)	broccoli (m)	['brokoli]
beterraba (f)	sfeclă (f)	['sfeklə]
berinjela (f)	pătlăgea (f) vânătă	[pətlə'ʤʲa 'vɨnətə]
abobrinha (f)	dovlecel (m)	[dovle'ʧel]
abóbora (f)	dovleac (m)	[dov'lʲak]
nabo (m)	nap (m)	[nap]
salsa (f)	pătrunjel (m)	[pətrun'ʒel]
endro, aneto (m)	mărar (m)	[mə'rar]
alface (f)	salată (f)	[sa'latə]
aipo (m)	țelină (f)	['ʦelinə]
aspargo (m)	sparanghel (m)	[sparan'gel]
espinafre (m)	spanac (m)	[spa'nak]
ervilha (f)	mazăre (f)	['mazəre]
feijão (~ soja, etc.)	boabe (f pl)	[bo'abe]
milho (m)	porumb (m)	[po'rumb]
feijão (m) roxo	fasole (f)	[fa'sole]
pimentão (m)	piper (m)	[pi'per]
rabanete (m)	ridiche (f)	[ri'dike]
alcachofra (f)	anghinare (f)	[angi'nare]

55. Frutos. Nozes

fruta (f)	fruct (n)	[frukt]
maçã (f)	măr (n)	[mər]

pera (f)	pară (f)	['parə]
limão (m)	lămâie (f)	[lə'mie]
laranja (f)	portocală (f)	[porto'kalə]
morango (m)	căpşună (f)	[kəp'ʃune]

tangerina (f)	mandarină (f)	[manda'rinə]
ameixa (f)	prună (f)	['prunə]
pêssego (m)	piersică (f)	['pjersikə]
damasco (m)	caisă (f)	[ka'isə]
framboesa (f)	zmeură (f)	['zmeurə]
abacaxi (m)	ananas (m)	[ana'nas]

banana (f)	banană (f)	[ba'nanə]
melancia (f)	pepene (m) verde	['pepene 'verde]
uva (f)	struguri (m pl)	['strugurʲ]
ginja (f)	vişină (f)	['viʃinə]
cereja (f)	cireaşă (f)	[tʃi'rʲaʃə]
melão (m)	pepene (m) galben	['pepene 'galben]

toranja (f)	grepfrut (n)	['grepfrut]
abacate (m)	avocado (n)	[avo'kado]
mamão (m)	papaia (n)	[pa'paja]
manga (f)	mango (n)	['mango]
romã (f)	rodie (f)	['rodie]

groselha (f) vermelha	coacăză (f) roşie	[ko'akəzə 'roʃie]
groselha (f) negra	coacăză (f) neagră	[ko'akəzə 'nʲagrə]
groselha (f) espinhosa	agrişă (f)	[a'griʃə]
mirtilo (m)	afină (f)	[a'finə]
amora (f) silvestre	mură (f)	['murə]

passa (f)	stafidă (f)	[sta'fidə]
figo (m)	smochină (f)	[smo'kinə]
tâmara (f)	curmală (f)	[kur'malə]

amendoim (m)	arahidă (f)	[ara'hidə]
amêndoa (f)	migdală (f)	[mig'dalə]
noz (f)	nucă (f)	['nukə]
avelã (f)	alună (f) de pădure	[a'lune de pə'dure]
coco (m)	nucă (f) de cocos	['nukə de 'kokos]
pistaches (m pl)	fistic (m)	['fistik]

56. Pão. Bolaria

pastelaria (f)	produse (n pl) de cofetărie	[pro'duse də kofetə'rie]
pão (m)	pâine (f)	['pine]
biscoito (m), bolacha (f)	biscuit (m)	[bisku'it]

chocolate (m)	ciocolată (f)	[tʃioko'latə]
de chocolate	de, din ciocolată	[de, din tʃioko'latə]
bala (f)	bomboană (f)	[bombo'ane]
doce (bolo pequeno)	prăjitură (f)	[prəʒi'turə]
bolo (m) de aniversário	tort (n)	[tort]
torta (f)	plăcintă (f)	[plə'tʃintə]

recheio (m)	umplutură (f)	[umplu'turə]
geleia (m)	dulceață (f)	[dul'ʧaʦə]
marmelada (f)	marmeladă (f)	[marme'ladə]
wafers (m pl)	napolitane (f pl)	[napoli'tane]
sorvete (m)	înghețată (f)	[ɨnge'ʦatə]

57. Especiarias

sal (m)	sare (f)	['sare]
salgado (adj)	sărat	[sə'rat]
salgar (vt)	a săra	[a sə'ra]

pimenta-do-reino (f)	piper (m) negru	[pi'per 'negru]
pimenta (f) vermelha	piper (m) roşu	[pi'per 'roʃu]
mostarda (f)	muştar (m)	[muʃ'tar]
raiz-forte (f)	hrean (n)	[hrʲan]

condimento (m)	condiment (n)	[kondi'ment]
especiaria (f)	condiment (n)	[kondi'ment]
molho (~ inglês)	sos (n)	[sos]
vinagre (m)	oțet (n)	[o'ʦet]

anis estrelado (m)	anason (m)	[ana'son]
manjericão (m)	busuioc (n)	[busu'jok]
cravo (m)	cuişoare (f pl)	[kuiʃo'are]
gengibre (m)	ghimber (m)	[gim'ber]
coentro (m)	coriandru (m)	[kori'andru]
canela (f)	scorțişoară (f)	[skorʦiʃo'arə]

gergelim (m)	susan (m)	[su'san]
folha (f) de louro	foi (f) de dafin	[foj de 'dafin]
páprica (f)	paprică (f)	['paprikə]
cominho (m)	chimen (m)	[ki'men]
açafrão (m)	şofran (m)	[ʃo'fran]

INFORMAÇÃO PESSOAL. FAMÍLIA

58. Informação pessoal. Formulários

nome (m)	prenume (n)	[pre'nume]
sobrenome (m)	nume (n)	['nume]
data (f) de nascimento	data (f) naşterii	['data 'naʃterij]
local (m) de nascimento	locul (n) naşterii	['lokul 'naʃterij]
nacionalidade (f)	naţionalitate (f)	[natsionali'tate]
lugar (m) de residência	locul (n) de reşedinţă	['lokul de reʃə'dintsə]
país (m)	ţară (f)	['tsarə]
profissão (f)	profesie (f)	[pro'fesie]
sexo (m)	sex (n)	[seks]
estatura (f)	înălţime (f)	[inəl'tsime]
peso (m)	greutate (f)	[greu'tate]

59. Membros da família. Parentes

mãe (f)	mamă (f)	['mamə]
pai (m)	tată (m)	['tatə]
filho (m)	fiu (m)	['fju]
filha (f)	fiică (f)	['fiikə]
caçula (f)	fiica (f) mai mică	['fiika maj 'mikə]
caçula (m)	fiul (m) mai mic	['fjul maj mik]
filha (f) mais velha	fiica (f) mai mare	['fiika maj 'mare]
filho (m) mais velho	fiul (m) mai mare	['fjul maj 'mare]
irmão (m)	frate (m)	['frate]
irmã (f)	soră (f)	['sorə]
primo (m)	văr (m)	[vər]
prima (f)	vară (f)	['varə]
mamãe (f)	mamă (f)	['mamə]
papai (m)	tată (m)	['tatə]
pais (pl)	părinţi (m pl)	[pə'rintsʲ]
criança (f)	copil (m)	[ko'pil]
crianças (f pl)	copii (m pl)	[ko'pij]
avó (f)	bunică (f)	[bu'nikə]
avô (m)	bunic (m)	[bu'nik]
neto (m)	nepot (m)	[ne'pot]
neta (f)	nepoată (f)	[nepo'atə]
netos (pl)	nepoţi (m pl)	[ne'potsʲ]
tio (m)	unchi (m)	[unkʲ]
tia (f)	mătuşă (f)	[mə'tuʃə]

sobrinho (m)	nepot (m)	[ne'pot]
sobrinha (f)	nepoată (f)	[nepo'atə]
sogra (f)	soacră (f)	[so'akrə]
sogro (m)	socru (m)	['sokru]
genro (m)	cumnat (m)	[kum'nat]
madrasta (f)	mamă vitregă (f)	['mamə 'vitregə]
padrasto (m)	tată vitreg (m)	['tatə 'vitreg]
criança (f) de colo	sugaci (m)	[su'gatʃi]
bebê (m)	prunc (m)	[prunk]
menino (m)	pici (m)	[pitʃi]
mulher (f)	soție (f)	[so'tsie]
marido (m)	soț (m)	[sots]
esposo (m)	soț (m)	[sots]
esposa (f)	soție (f)	[so'tsie]
casado (adj)	căsătorit	[kəsəto'rit]
casada (adj)	căsătorită	[kəsəto'ritə]
solteiro (adj)	celibatar (m)	[tʃeliba'tar]
solteirão (m)	burlac (m)	[bur'lak]
divorciado (adj)	divorțat	[divor'tsat]
viúva (f)	văduvă (f)	[vəduvə]
viúvo (m)	văduv (m)	[vəduv]
parente (m)	rudă (f)	['rudə]
parente (m) próximo	rudă (f) apropiată	['rudə apropi'jatə]
parente (m) distante	rudă (f) îndepărtată	['rudə indeper'tatə]
parentes (m pl)	rude (f pl) de sânge	['rude de 'sindʒe]
órfão (m), órfã (f)	orfan (m)	[or'fan]
tutor (m)	tutore (m)	[tu'tore]
adotar (um filho)	a adopta	[a adop'ta]
adotar (uma filha)	a adopta	[a adop'ta]

60. Amigos. Colegas de trabalho

amigo (m)	prieten (m)	[pri'eten]
amiga (f)	prietenă (f)	[pri'etenə]
amizade (f)	prietenie (f)	[priete'nie]
ser amigos	a prieteni	[a priete'ni]
amigo (m)	amic (m)	[a'mik]
amiga (f)	amică (f)	[a'mikə]
parceiro (m)	partener (m)	[parte'ner]
chefe (m)	șef (m)	[ʃef]
superior (m)	director (m)	[di'rektor]
subordinado (m)	subordonat (m)	[subordo'nat]
colega (m, f)	coleg (m)	[ko'leg]
conhecido (m)	cunoscut (m)	[kunos'kut]
companheiro (m) de viagem	tovarăș (m) de drum	[to'varəʃ de drum]

colega (m) de classe	**coleg** (m) **de clasă**	[ko'leg de 'klasə]
vizinho (m)	**vecin** (m)	[ve'ʧin]
vizinha (f)	**vecină** (f)	[ve'ʧinə]
vizinhos (pl)	**vecini** (m pl)	[ve'ʧinʲ]

CORPO HUMANO. MEDICINA

61. Cabeça

cabeça (f)	cap (n)	[kap]
rosto, cara (f)	față (f)	['fatsə]
nariz (m)	nas (n)	[nas]
boca (f)	gură (f)	['gurə]

olho (m)	ochi (m)	[okʲ]
olhos (m pl)	ochi (m pl)	[okʲ]
pupila (f)	pupilă (f)	[pu'pilə]
sobrancelha (f)	sprânceană (f)	[sprin'tʃanə]
cílio (f)	geană (f)	['dʒanə]
pálpebra (f)	pleoapă (f)	[pleo'apə]

língua (f)	limbă (f)	['limbə]
dente (m)	dinte (m)	['dinte]
lábios (m pl)	buze (f pl)	['buze]
maçãs (f pl) do rosto	pomeți (m pl)	[po'metsʲ]
gengiva (f)	gingie (f)	[dʒin'dʒie]
palato (m)	palat (n)	[pa'lat]

narinas (f pl)	nări (f pl)	[nərʲ]
queixo (m)	bărbie (f)	[bər'bie]
mandíbula (f)	maxilar (n)	[maksi'lar]
bochecha (f)	obraz (m)	[o'braz]

testa (f)	frunte (f)	['frunte]
têmpora (f)	tâmplă (f)	['timplə]
orelha (f)	ureche (f)	[u'reke]
costas (f pl) da cabeça	ceafă (f)	['tʃafə]
pescoço (m)	gât (n)	[git]
garganta (f)	gât (n)	[git]

cabelo (m)	păr (m)	[pər]
penteado (m)	coafură (f)	[koa'furə]
corte (m) de cabelo	tunsoare (f)	[tunso'are]
peruca (f)	perucă (f)	[pe'rukə]

bigode (m)	mustăți (f pl)	[mus'tətsʲ]
barba (f)	barbă (f)	['barbə]
ter (~ barba, etc.)	a purta	[a pur'ta]
trança (f)	cosiță (f)	[ko'sitsə]
suíças (f pl)	favoriți (m pl)	[favo'ritsʲ]

ruivo (adj)	roșcat	[roʃ'kat]
grisalho (adj)	cărunt	[kə'runt]
careca (adj)	chel	[kel]
calva (f)	chelie (f)	[ke'lie]

rabo-de-cavalo (m)	coadă (f)	[ko'adə]
franja (f)	breton (n)	[bre'ton]

62. Corpo humano

mão (f)	mână (f)	['minə]
braço (m)	braț (n)	[brats]
dedo (m)	deget (n)	['dedʒet]
polegar (m)	degetul (n) mare	['dedʒetul 'mare]
dedo (m) mindinho	degetul (n) mic	['dedʒetul mik]
unha (f)	unghie (f)	['ungie]
punho (m)	pumn (m)	[pumn]
palma (f)	palmă (f)	['palmə]
pulso (m)	încheietura (f) mâinii	[inkeje'tura 'minij]
antebraço (m)	antebraț (n)	[ante'brats]
cotovelo (m)	cot (n)	[kot]
ombro (m)	umăr (m)	['umər]
perna (f)	picior (n)	[pi'tʃior]
pé (m)	talpă (f)	['talpə]
joelho (m)	genunchi (n)	[dʒe'nunkʲ]
panturrilha (f)	pulpă (f)	['pulpə]
quadril (m)	coapsă (f)	[ko'apsə]
calcanhar (m)	călcâi (n)	[kəl'kij]
corpo (m)	corp (n)	[korp]
barriga (f), ventre (m)	burtă (f)	['burtə]
peito (m)	piept (n)	[pjept]
seio (m)	sân (m)	[sin]
lado (m)	coastă (f)	[ko'astə]
costas (dorso)	spate (n)	['spate]
região (f) lombar	regiune (f) lombară	[redʒi'une lom'barə]
cintura (f)	talie (f)	['talie]
umbigo (m)	buric (n)	[bu'rik]
nádegas (f pl)	fese (f pl)	['fese]
traseiro (m)	şezut (n)	[ʃə'zut]
sinal (m), pinta (f)	aluniță (f)	[alu'nitsə]
sinal (m) de nascença	semn (n) din naştere	[semn din 'naʃtere]
tatuagem (f)	tatuaj (n)	[tatu'aʒ]
cicatriz (f)	cicatrice (f)	[tʃika'tritʃe]

63. Doenças

doença (f)	boală (f)	[bo'alə]
estar doente	a fi bolnav	[a fi bol'nav]
saúde (f)	sănătate (f)	[sənə'tate]
nariz (m) escorrendo	guturai (n)	[gutu'raj]
amigdalite (f)	anghină (f)	[a'nginə]

resfriado (m)	răceală (f)	[rə'ʧalə]
ficar resfriado	a răci	[a rə'ʧi]
bronquite (f)	bronşită (f)	[bron'ʃitə]
pneumonia (f)	pneumonie (f)	[pneumo'nie]
gripe (f)	gripă (f)	['gripə]
míope (adj)	miop	[mi'op]
presbita (adj)	prezbit	[prez'bit]
estrabismo (m)	strabism (n)	[stra'bism]
estrábico, vesgo (adj)	saşiu	[sa'ʃiu]
catarata (f)	cataractă (f)	[kata'raktə]
glaucoma (m)	glaucom (n)	[glau'kom]
AVC (m), apoplexia (f)	congestie (f)	[kon'dʒestie]
ataque (m) cardíaco	infarct (n)	[in'farkt]
enfarte (m) do miocárdio	infarct (n) miocardic	[in'farkt mio'kardik]
paralisia (f)	paralizie (f)	[parali'zie]
paralisar (vt)	a paraliza	[a parali'za]
alergia (f)	alergie (f)	[aler'dʒie]
asma (f)	astmă (f)	['astmə]
diabetes (f)	diabet (n)	[dia'bet]
dor (f) de dente	durere (f) de dinţi	[du'rere de dinʦ]
cárie (f)	carie (f)	['karie]
diarreia (f)	diaree (f)	[dia'ree]
prisão (f) de ventre	constipaţie (f)	[konsti'paʦie]
desarranjo (m) intestinal	deranjament (n) la stomac	[deranʒa'ment la sto'mak]
intoxicação (f) alimentar	intoxicare (f)	[intoksi'kare]
intoxicar-se	a se intoxica	[a se intoksi'ka]
artrite (f)	artrită (f)	[ar'tritə]
raquitismo (m)	rahitism (n)	[rahi'tism]
reumatismo (m)	reumatism (n)	[reuma'tism]
arteriosclerose (f)	ateroscleroză (f)	[arterioskle'rozə]
gastrite (f)	gastrită (f)	[gas'tritə]
apendicite (f)	apendicită (f)	[apendi'ʧitə]
colecistite (f)	colecistită (f)	[koleʧis'titə]
úlcera (f)	ulcer (n)	[ul'ʧer]
sarampo (m)	pojar	[po'ʒar]
rubéola (f)	rubeolă (f)	[ruʒe'olə]
icterícia (f)	icter (n)	['ikter]
hepatite (f)	hepatită (f)	[hepa'titə]
esquizofrenia (f)	schizofrenie (f)	[skizofre'nie]
raiva (f)	turbare (f)	[tur'bare]
neurose (f)	nevroză (f)	[ne'vrozə]
contusão (f) cerebral	comoţie (f) cerebrală	[ko'moʦie ʧere'bralə]
câncer (m)	cancer (n)	['kanʧer]
esclerose (f)	scleroză (f)	[skle'rozə]
esclerose (f) múltipla	scleroză multiplă (f)	[skle'rozə mul'tiplə]

alcoolismo (m)	alcoolism (n)	[alkoo'lizm]
alcoólico (m)	alcoolic (m)	[alko'olik]
sífilis (f)	sifilis (n)	['sifilis]
AIDS (f)	SIDA (f)	['sida]
tumor (m)	tumoare (f)	[tumo'are]
maligno (adj)	malignă	[ma'lignə]
benigno (adj)	benignă	[be'nignə]
febre (f)	friguri (n pl)	['friguri]
malária (f)	malarie (f)	[mala'rie]
gangrena (f)	cangrenă (f)	[kan'grenə]
enjoo (m)	rău (n) de mare	[rəu de 'mare]
epilepsia (f)	epilepsie (f)	[epilep'sie]
epidemia (f)	epidemie (f)	[epide'mie]
tifo (m)	tifos (n)	['tifos]
tuberculose (f)	tuberculoză (f)	[tuberku'lozə]
cólera (f)	holeră (f)	['holerə]
peste (f) bubônica	ciumă (f)	['tʃiumə]

64. Sintomas. Tratamentos. Parte 1

sintoma (m)	simptom (n)	[simp'tom]
temperatura (f)	temperatură (f)	[tempera'turə]
febre (f)	febră (f)	['febrə]
pulso (m)	puls (n)	[puls]
vertigem (f)	ameţeală (f)	[ame'tsʲalə]
quente (testa, etc.)	fierbinte	[fier'binte]
calafrio (m)	frisoane (n pl)	[friso'ane]
pálido (adj)	palid	['palid]
tosse (f)	tuse (f)	['tuse]
tossir (vi)	a tuşi	[a tu'ʃi]
espirrar (vi)	a strănuta	[a strənu'ta]
desmaio (m)	leşin (n)	[le'ʃin]
desmaiar (vi)	a leşina	[a leʃi'na]
mancha (f) preta	vânătaie (f)	[vinə'tae]
galo (m)	cucui (n)	[ku'kuj]
machucar-se (vr)	a se lovi	[a se lo'vi]
contusão (f)	contuzie (f)	[kon'tuzie]
machucar-se (vr)	a se lovi	[a se lo'vi]
mancar (vi)	a şchiopăta	[a ʃkiopə'ta]
deslocamento (f)	luxaţie (f)	[luk'satsie]
deslocar (vt)	a luxa	[a luk'sa]
fratura (f)	fractură (f)	[frak'turə]
fraturar (vt)	a fractura	[a fraktu'ra]
corte (m)	tăietură (f)	[təe'turə]
cortar-se (vr)	a se tăia	[a se tə'ja]
hemorragia (f)	sângerare (f)	[sindʒe'rare]

queimadura (f)	arsură (f)	[ar'surə]
queimar-se (vr)	a se frige	[a se 'fridʒe]
picar (vt)	a înțepa	[a intse'pa]
picar-se (vr)	a se înțepa	[a s intse'pa]
lesionar (vt)	a se răni	[a se rə'ni]
lesão (m)	vătămare (f)	[vətə'mare]
ferida (f), ferimento (m)	rană (f)	['ranə]
trauma (m)	traumă (f)	['traumə]
delirar (vi)	a delira	[a deli'ra]
gaguejar (vi)	a se bâlbâi	[a se bɨlbɨ'i]
insolação (f)	insolație (f)	[inso'latsie]

65. Sintomas. Tratamentos. Parte 2

dor (f)	durere (f)	[du'rere]
farpa (no dedo, etc.)	ghimpe (m)	['gimpe]
suor (m)	transpirație (f)	[transpi'ratsie]
suar (vi)	a transpira	[a transpi'ra]
vômito (m)	vomă (f)	['vomə]
convulsões (f pl)	convulsii (f pl)	[kon'vulsij]
grávida (adj)	gravidă (f)	[gra'vidə]
nascer (vi)	a se naște	[a se 'naʃte]
parto (m)	naștere (f)	['naʃtere]
dar à luz	a naște	[a 'naʃte]
aborto (m)	avort (n)	[a'vort]
respiração (f)	respirație (f)	[respi'ratsie]
inspiração (f)	inspirație (f)	[inspi'ratsie]
expiração (f)	expirație (f)	[ekspi'ratsie]
expirar (vi)	a expira	[a ekspi'ra]
inspirar (vi)	a inspira	[a inspi'ra]
inválido (m)	invalid (m)	[inva'lid]
aleijado (m)	infirm (m)	[in'firm]
drogado (m)	narcoman (m)	[narko'man]
surdo (adj)	surd	[surd]
mudo (adj)	mut	[mut]
surdo-mudo (adj)	surdo-mut	[surdo'mut]
louco, insano (adj)	nebun	[ne'bun]
louco (m)	nebun (m)	[ne'bun]
louca (f)	nebună (f)	[ne'bunə]
ficar louco	a înnebuni	[a innebu'ni]
gene (m)	genă (f)	['dʒenə]
imunidade (f)	imunitate (f)	[imuni'tate]
hereditário (adj)	ereditar	[eredi'tar]
congênito (adj)	congenital	[kondʒeni'tal]
vírus (m)	virus (m)	['virus]

micróbio (m)	microb (m)	[mi'krob]
bactéria (f)	bacterie (f)	[bak'terie]
infecção (f)	infecție (f)	[in'fektsie]

66. Sintomas. Tratamentos. Parte 3

hospital (m)	spital (n)	[spi'tal]
paciente (m)	pacient (m)	[patʃi'ent]
diagnóstico (m)	diagnostic (n)	[diag'nostik]
cura (f)	tratament (n)	[trata'ment]
curar-se (vr)	a urma tratament	[a ur'ma trata'ment]
tratar (vt)	a trata	[a tra'ta]
cuidar (pessoa)	a îngriji	[a ingri'ʒi]
cuidado (m)	îngrijire (f)	[ingri'ʒire]
operação (f)	operație (f)	[ope'ratsie]
enfaixar (vt)	a pansa	[a pan'sa]
enfaixamento (m)	pansare (f)	[pan'sare]
vacinação (f)	vaccin (n)	[vak'tʃin]
vacinar (vt)	a vaccina	[a vaktʃi'na]
injeção (f)	injecție (f)	[in'ʒektsie]
dar uma injeção	a face injecție	[a 'fatʃe in'ʒektsie]
amputação (f)	amputare (f)	[ampu'tare]
amputar (vt)	a amputa	[a ampu'ta]
coma (f)	comă (f)	['komə]
estar em coma	a fi în comă	[a fi in 'komə]
reanimação (f)	reanimare (f)	[reani'mare]
recuperar-se (vr)	a se vindeca	[a se vinde'ka]
estado (~ de saúde)	stare (f)	['stare]
consciência (perder a ~)	conștiință (f)	[konʃti'intsə]
memória (f)	memorie (f)	[me'morie]
tirar (vt)	a extrage	[a eks'tradʒe]
obturação (f)	plombă (f)	['plombə]
obturar (vt)	a plomba	[a plom'ba]
hipnose (f)	hipnoză (f)	[hip'nozə]
hipnotizar (vt)	a hipnotiza	[a hipnoti'za]

67. Medicina. Drogas. Acessórios

medicamento (m)	medicament (n)	[medika'ment]
remédio (m)	remediu (n)	[re'medju]
receita (f)	rețetă (f)	[re'tsetə]
comprimido (m)	pastilă (f)	[pas'tilə]
unguento (m)	unguent (n)	[ungu'ent]
ampola (f)	fiolă (f)	[fi'olə]

solução, preparado (m)	mixtură (f)	[miks'turə]
xarope (m)	sirop (n)	[si'rop]
cápsula (f)	pilulă (f)	[pi'lulə]
pó (m)	praf (n)	[praf]
atadura (f)	bandaj (n)	[ban'daʒ]
algodão (m)	vată (f)	['vatə]
iodo (m)	iod (n)	[jod]
curativo (m) adesivo	leucoplast (n)	[leuko'plast]
conta-gotas (m)	pipetă (f)	[pi'petə]
termômetro (m)	termometru (n)	[termo'metru]
seringa (f)	seringă (f)	[se'ringə]
cadeira (f) de rodas	cărucior (n) pentru invalizi	[kəru'ʧior 'pentru inva'liz']
muletas (f pl)	cârje (f pl)	['kirʒe]
analgésico (m)	anestezic (n)	[anes'tezik]
laxante (m)	laxativ (n)	[laksa'tiv]
álcool (m)	spirt (n)	[spirt]
ervas (f pl) medicinais	plante (f pl) medicinale	['plante mediʧi'nale]
de ervas (chá ~)	din plante medicinale	[din 'plante mediʧi'nale]

APARTAMENTO

68. Apartamento

apartamento (m)	apartament (n)	[aparta'ment]
quarto, cômodo (m)	cameră (f)	['kamerə]
quarto (m) de dormir	dormitor (n)	[dormi'tor]
sala (f) de jantar	sufragerie (f)	[sufradʒe'rie]
sala (f) de estar	salon (n)	[sa'lon]
escritório (m)	cabinet (n)	[kabi'net]
sala (f) de entrada	antreu (n)	[an'treu]
banheiro (m)	baie (f)	['bae]
lavabo (m)	toaletă (f)	[toa'letə]
teto (m)	pod (n)	[pod]
chão, piso (m)	podea (f)	[po'dʲa]
canto (m)	colț (n)	[kolts]

69. Mobiliário. Interior

mobiliário (m)	mobilă (f)	['mobilə]
mesa (f)	masă (f)	['masə]
cadeira (f)	scaun (n)	['skaun]
cama (f)	pat (n)	[pat]
sofá, divã (m)	divan (n)	[di'van]
poltrona (f)	fotoliu (n)	[fo'tolju]
estante (f)	dulap (n) de cărți	[du'lap de kərts]
prateleira (f)	raft (n)	[raft]
guarda-roupas (m)	dulap (n) de haine	[du'lap de 'hajne]
cabide (m) de parede	cuier (n) perete	[ku'jer pe'rete]
cabideiro (m) de pé	cuier (n) pom	[ku'jer pom]
cômoda (f)	comodă (f)	[ko'modə]
mesinha (f) de centro	măsuță (f)	[mə'sutsə]
espelho (m)	oglindă (f)	[og'lində]
tapete (m)	covor (n)	[ko'vor]
tapete (m) pequeno	carpetă (f)	[kar'petə]
lareira (f)	șemineu (n)	[ʃəmi'neu]
vela (f)	lumânare (f)	[lumi'nare]
castiçal (m)	sfeșnic (n)	['sfeʃnik]
cortinas (f pl)	draperii (f pl)	[drape'rij]
papel (m) de parede	tapet (n)	[ta'pet]

persianas (f pl)	jaluzele (f pl)	[ʒalu'zele]
luminária (f) de mesa	lampă (f) de birou	['lampə de bi'rou]
luminária (f) de parede	lampă (f)	['lampə]
abajur (m) de pé	lampă (f) cu picior	['lampə ku pi'ʧior]
lustre (m)	lustră (f)	['lustrə]

pé (de mesa, etc.)	picior (n)	[pi'ʧior]
braço, descanso (m)	braț (n) la fotoliu	['brats la fo'tolju]
costas (f pl)	spătar (n)	[spə'tar]
gaveta (f)	sertar (n)	[ser'tar]

70. Quarto de dormir

roupa (f) de cama	lenjerie (f)	[lenʒe'rie]
travesseiro (m)	pernă (f)	['pernə]
fronha (f)	față (f) de pernă	['fatsə de 'pernə]
cobertor (m)	plapumă (f)	['plapumə]
lençol (m)	cearşaf (n)	[ʧar'ʃaf]
colcha (f)	pătură (f)	[pəturə]

71. Cozinha

cozinha (f)	bucătărie (f)	[bukətə'rie]
gás (m)	gaz (n)	[gaz]
fogão (m) a gás	aragaz (n)	[ara'gaz]
fogão (m) elétrico	plită (f) electrică	['plitə e'lektrikə]
forno (m)	cuptor (n)	[kup'tor]
forno (m) de micro-ondas	cuptor (n) cu microunde	[kup'tor ku mikro'unde]

geladeira (f)	frigider (n)	[fridʒi'der]
congelador (m)	congelator (n)	[kondʒela'tor]
máquina (f) de lavar louça	maşină (f) de spălat vase	[ma'ʃinə de spə'lat 'vase]

moedor (m) de carne	maşină (f) de tocat carne	[ma'ʃinə de to'kat 'karne]
espremedor (m)	storcător (n)	[storkə'tor]
torradeira (f)	prăjitor (n) de pâine	[prəʒi'tor de 'pine]
batedeira (f)	mixer (n)	['mikser]

máquina (f) de café	fierbător (n) de cafea	[fierbə'tor de ka'fʲa]
cafeteira (f)	ibric (n)	[i'brik]
moedor (m) de café	râşniţă (f) de cafea	['riʃnitsə de ka'fʲa]

chaleira (f)	ceainic (n)	['ʧajnik]
bule (m)	ceainic (n)	['ʧajnik]
tampa (f)	capac (n)	[ka'pak]
coador (m) de chá	strecurătoare (f)	[strekurəto'are]

colher (f)	lingură (f)	['lingurə]
colher (f) de chá	linguriţă (f) de ceai	[lingu'ritsə de ʧaj]
colher (f) de sopa	lingură (f)	['lingurə]
garfo (m)	furculiţă (f)	[furku'litsə]
faca (f)	cuţit (n)	[ku'tsit]

louça (f)	vase (n pl)	['vase]
prato (m)	farfurie (f)	[farfu'rie]
pires (m)	farfurioară (f)	[farfurio'arə]
cálice (m)	păhărel (n)	[pəhə'rel]
copo (m)	pahar (n)	[pa'har]
xícara (f)	ceaşcă (f)	['t͡ʃaʃkə]
açucareiro (m)	zaharniţă (f)	[za'harnitsə]
saleiro (m)	solniţă (f)	['solnitsə]
pimenteiro (m)	piperniţă (f)	[pi'pernitsə]
manteigueira (f)	untieră (f)	[un'tjerə]
panela (f)	cratiţă (f)	['kratitsə]
frigideira (f)	tigaie (f)	[ti'gae]
concha (f)	polonic (n)	[polo'nik]
coador (m)	strecurătoare (f)	[strekurəto'are]
bandeja (f)	tavă (f)	['tavə]
garrafa (f)	sticlă (f)	['stiklə]
pote (m) de vidro	borcan (n)	[bor'kan]
lata (~ de cerveja)	cutie (f)	[ku'tie]
abridor (m) de garrafa	deschizător (n) de sticle	[deskize'tor de 'stikle]
abridor (m) de latas	deschizător (n) de conserve	[deskize'tor de kon'serve]
saca-rolhas (m)	tirbuşon (n)	[tirbu'ʃon]
filtro (m)	filtru (n)	['filtru]
filtrar (vt)	a filtra	[a fil'tra]
lixo (m)	gunoi (n)	[gu'noj]
lixeira (f)	coş (n) de gunoi	[koʃ de gu'noj]

72. Casa de banho

banheiro (m)	baie (f)	['bae]
água (f)	apă (f)	['apə]
torneira (f)	robinet (n)	[robi'net]
água (f) quente	apă (f) fierbinte	['apə fjer'binte]
água (f) fria	apă (f) rece	['apə 'ret͡ʃe]
pasta (f) de dente	pastă (f) de dinţi	['paste de dints']
escovar os dentes	a se spăla pe dinţi	[a se spe'la pe dints']
barbear-se (vr)	a se bărbieri	[a se bərbie'ri]
espuma (f) de barbear	spumă (f) de ras	['spume de 'ras]
gilete (f)	brici (n)	['brit͡ʃi]
lavar (vt)	a spăla	[a spe'la]
tomar banho	a se spăla	[a se spe'la]
chuveiro (m), ducha (f)	duş (n)	[duʃ]
tomar uma ducha	a face duş	[a 'fat͡ʃe duʃ]
banheira (f)	cadă (f)	['kadə]
vaso (m) sanitário	closet (n)	[klo'set]

pia (f)	chiuvetă (f)	[kju'vetə]
sabonete (m)	săpun (n)	[sə'pun]
saboneteira (f)	săpunieră (f)	[səpu'njerə]

esponja (f)	burete (n)	[bu'rete]
xampu (m)	şampon (n)	[ʃam'pon]
toalha (f)	prosop (n)	[pro'sop]
roupão (m) de banho	halat (n)	[ha'lat]

lavagem (f)	spălat (n)	[spə'lat]
lavadora (f) de roupas	maşină (f) de spălat	[ma'ʃinə de spə'lat]
lavar a roupa	a spăla haine	[a spə'la 'hajne]
detergente (m)	detergent (n)	[deter'dʒent]

73. Eletrodomésticos

televisor (m)	televizor (n)	[televi'zor]
gravador (m)	casetofon (n)	[kaseto'fon]
videogravador (m)	videomagnetofon (n)	[videomagneto'fon]
rádio (m)	aparat (n) de radio	[apa'rat de 'radio]
leitor (m)	CD player (n)	[si'di 'pleer]

projetor (m)	proiector (n) video	[proek'tor 'video]
cinema (m) em casa	sistem (n) home cinema	[sis'tem 'houm 'sinema]
DVD Player (m)	DVD-player (n)	[divi'di 'pleer]
amplificador (m)	amplificator (n)	[amplifi'kator]
console (f) de jogos	consolă (f) de jocuri	[kon'sole de 'ʒokurʲ]

câmera (f) de vídeo	cameră (f) video	['kamere 'video]
máquina (f) fotográfica	aparat (n) foto	[apa'rat 'foto]
câmera (f) digital	aparat (n) foto digital	[apa'rat 'foto didʒi'tal]

aspirador (m)	aspirator (n)	[aspira'tor]
ferro (m) de passar	fier (n) de călcat	[fier de kəl'kat]
tábua (f) de passar	masă (f) de călcat	['mase de kəl'kat]

telefone (m)	telefon (n)	[tele'fon]
celular (m)	telefon (n) mobil	[tele'fon mo'bil]
máquina (f) de escrever	maşină (f) de scris	[ma'ʃine de skris]
máquina (f) de costura	maşină (f) de cusut	[ma'ʃine de ku'sut]

microfone (m)	microfon (n)	[mikro'fon]
fone (m) de ouvido	căşti (f pl)	[kəʃtʲ]
controle remoto (m)	telecomandă (f)	[teleko'mande]

CD (m)	CD (n)	[si'di]
fita (f) cassete	casetă (f)	[ka'sete]
disco (m) de vinil	placă (f)	['plake]

A TERRA. TEMPO

74. Espaço sideral

espaço, cosmo (m)	cosmos (n)	['kosmos]
espacial, cósmico (adj)	cosmic	['kosmik]
espaço (m) cósmico	spaţiu (n) cosmic	['spatsju 'kosmik]
galáxia (f)	galaxie (f)	[galak'sie]
estrela (f)	stea (f)	[st'a]
constelação (f)	constelaţie (f)	[konste'latsie]
planeta (m)	planetă (f)	[pla'netə]
satélite (m)	satelit (m)	[sate'lit]
meteorito (m)	meteorit (m)	[meteo'rit]
cometa (m)	cometă (f)	[ko'metə]
asteroide (m)	asteroid (m)	[astero'id]
órbita (f)	orbită (f)	[or'bitə]
girar (vi)	a se roti	[a se ro'ti]
atmosfera (f)	atmosferă (f)	[atmos'ferə]
Sol (m)	soare (n)	[so'are]
Sistema (m) Solar	sistem (n) solar	[sis'tem so'lar]
eclipse (m) solar	eclipsă (f) de soare	[ek'lipsə de so'are]
Terra (f)	Pământ (n)	[pə'mint]
Lua (f)	Lună (f)	['lunə]
Marte (m)	Marte (m)	['marte]
Vênus (f)	Venus (f)	['venus]
Júpiter (m)	Jupiter (m)	['ʒupiter]
Saturno (m)	Saturn (m)	[sa'turn]
Mercúrio (m)	Mercur (m)	[mer'kur]
Urano (m)	Uranus (m)	[u'ranus]
Netuno (m)	Neptun (m)	[nep'tun]
Plutão (m)	Pluto (m)	['pluto]
Via Láctea (f)	Calea (f) Lactee	['kal'a lak'tee]
Ursa Maior (f)	Ursa (f) mare	['ursa 'mare]
Estrela Polar (f)	Steaua (f) polară	['st'awa po'larə]
marciano (m)	marţian (m)	[mart'si'an]
extraterrestre (m)	extraterestru (m)	[ekstrate'restru]
alienígena (m)	extraterestru (m)	[ekstrate'restru]
disco (m) voador	farfurie (f) zburătoare	[farfu'rie zburəto'are]
espaçonave (f)	navă (f) spaţială	['navə spatsi'alə]
estação (f) orbital	staţie (f) orbitală	['statsie orbi'talə]

lançamento (m)	start (n)	[start]
motor (m)	motor (n)	[mo'tor]
bocal (m)	ajutaj (n)	[aʒu'taʒ]
combustível (m)	combustibil (m)	[kombus'tibil]

cabine (f)	cabină (f)	[ka'binə]
antena (f)	antenă (f)	[an'tenə]
vigia (f)	hublou (n)	[hu'blou]
bateria (f) solar	baterie (f) solară	[bate'rie so'larə]
traje (m) espacial	scafandru (m)	[ska'fandru]

| imponderabilidade (f) | imponderabilitate (f) | [imponderabili'tate] |
| oxigênio (m) | oxigen (n) | [oksi'dʒen] |

| acoplagem (f) | unire (f) | [u'nire] |
| fazer uma acoplagem | a uni | [a u'ni] |

observatório (m)	observator (n) astronomic	[observa'tor astro'nomik]
telescópio (m)	telescop (n)	[tele'skop]
observar (vt)	a observa	[a obser'va]
explorar (vt)	a cerceta	[a tʃertʃe'ta]

75. A Terra

Terra (f)	Pământ (n)	[pə'mint]
globo terrestre (Terra)	globul (n) pământesc	['globul pəmin'tesk]
planeta (m)	planetă (f)	[pla'netə]

atmosfera (f)	atmosferă (f)	[atmos'ferə]
geografia (f)	geografie (f)	[dʒeogra'fie]
natureza (f)	natură (f)	[na'turə]

globo (mapa esférico)	glob (n)	[glob]
mapa (m)	hartă (f)	['hartə]
atlas (m)	atlas (n)	[at'las]

Europa (f)	Europa (f)	[eu'ropa]
Ásia (f)	Asia (f)	['asia]
África (f)	Africa (f)	['afrika]
Austrália (f)	Australia (f)	[au'stralia]

América (f)	America (f)	[a'merika]
América (f) do Norte	America (f) de Nord	[a'merika de nord]
América (f) do Sul	America (f) de Sud	[a'merika de sud]

| Antártida (f) | Antarctida (f) | [antark'tida] |
| Ártico (m) | Arctica (f) | ['arktika] |

76. Pontos cardeais

| norte (m) | nord (n) | [nord] |
| para norte | la nord | [la nord] |

| no norte | la nord | [la nord] |
| do norte (adj) | de nord | [de nord] |

sul (m)	sud (n)	[sud]
para sul	la sud	[la sud]
no sul	la sud	[la sud]
do sul (adj)	de sud	[de sud]

oeste, ocidente (m)	vest (n)	[vest]
para oeste	la vest	[la vest]
no oeste	la vest	[la vest]
ocidental (adj)	de vest	[de vest]

leste, oriente (m)	est (n)	[est]
para leste	la est	[la est]
no leste	la est	[la est]
oriental (adj)	de est	[de est]

77. Mar. Oceano

mar (m)	mare (f)	['mare]
oceano (m)	ocean (n)	[otʃe'an]
golfo (m)	golf (n)	[golf]
estreito (m)	strâmtoare (f)	[strimto'are]

continente (m)	continent (n)	[konti'nent]
ilha (f)	insulă (f)	['insulə]
península (f)	peninsulă (f)	[pe'ninsulə]
arquipélago (m)	arhipelag (n)	[arhipe'lag]

baía (f)	golf (n)	[golf]
porto (m)	port (n)	[port]
lagoa (f)	lagună (f)	[la'gunə]
cabo (m)	cap (n)	[kap]

atol (m)	atol (m)	[a'tol]
recife (m)	recif (m)	[re'tʃif]
coral (m)	coral (m)	[ko'ral]
recife (m) de coral	recif (m) de corali	[re'tʃif de ko'ralʲ]

profundo (adj)	adânc	[a'dɨnk]
profundidade (f)	adâncime (f)	[adin'tʃime]
abismo (m)	abis (n)	[a'bis]
fossa (f) oceânica	groapă (f)	[gro'apə]

| corrente (f) | curent (n) | [ku'rent] |
| banhar (vt) | a spăla | [a spe'la] |

| litoral (m) | mal (n) | [mal] |
| costa (f) | litoral (n) | [lito'ral] |

maré (f) alta	flux (n)	[fluks]
refluxo (m)	reflux (n)	[re'fluks]
restinga (f)	banc (n) de nisip	[bank de ni'sip]

fundo (m)	fund (n)	[fund]
onda (f)	val (n)	[val]
crista (f) da onda	creasta (f) valului	['krʲasta 'valuluj]
espuma (f)	spumă (f)	['spumə]
tempestade (f)	furtună (f)	[fur'tunə]
furacão (m)	uragan (m)	[ura'gan]
tsunami (m)	tsunami (n)	[ʦu'nami]
calmaria (f)	timp (n) calm	[timp kalm]
calmo (adj)	liniştit	[liniʃ'tit]
polo (m)	pol (n)	[pol]
polar (adj)	polar	[po'lar]
latitude (f)	longitudine (f)	[londʒi'tudine]
longitude (f)	latitudine (f)	[lati'tudine]
paralela (f)	paralelă (f)	[para'lelə]
equador (m)	ecuator (n)	[ekua'tor]
céu (m)	cer (n)	[ʧer]
horizonte (m)	orizont (n)	[ori'zont]
ar (m)	aer (n)	['aer]
farol (m)	far (n)	[far]
mergulhar (vi)	a se scufunda	[a se skufun'da]
afundar-se (vr)	a se duce la fund	[a se duʧə lʲa fund]
tesouros (m pl)	comoară (f)	[komo'arə]

78. Nomes de Mares e Oceanos

Oceano (m) Atlântico	Oceanul (n) Atlantic	[oʧə'anul at'lantik]
Oceano (m) Índico	Oceanul (n) Indian	[oʧə'anul indi'an]
Oceano (m) Pacífico	Oceanul (n) Pacific	[oʧə'anul pa'ʧifik]
Oceano (m) Ártico	Oceanul (n) Îngheţat de Nord	[oʧə'anul inge'ʦat de nord]
Mar (m) Negro	Marea (f) Neagră	['marʲa 'nʲagrə]
Mar (m) Vermelho	Marea (f) Roşie	['marʲa 'roʃie]
Mar (m) Amarelo	Marea (f) Galbenă	['marʲa 'galbenə]
Mar (m) Branco	Marea (f) Albă	['marʲa 'albə]
Mar (m) Cáspio	Marea (f) Caspică	['marʲa 'kaspikə]
Mar (m) Morto	Marea (f) Moartă	['marʲa mo'artə]
Mar (m) Mediterrâneo	Marea (f) Mediterană	['marʲa medite'ranə]
Mar (m) Egeu	Marea (f) Egee	['marʲa e'dʒee]
Mar (m) Adriático	Marea (f) Adriatică	['marʲa adri'atikə]
Mar (m) Arábico	Marea (f) Arabiei	['marʲa a'rabiej]
Mar (m) do Japão	Marea (f) Japoneză	['marʲa ʒapo'nezə]
Mar (m) de Bering	Marea (f) Bering	['marʲa 'bering]
Mar (m) da China Meridional	Marea (f) Chinei de Sud	['marʲa 'kinej de sud]
Mar (m) de Coral	Marea (f) Coral	['marʲa ko'ral]
Mar (m) de Tasman	Marea (f) Tasmaniei	['marʲa tas'maniej]

Mar (m) do Caribe	Marea (f) Caraibelor	['mar'a kara'ibelor]
Mar (m) de Barents	Marea (f) Barents	['mar'a ba'rents]
Mar (m) de Kara	Marea (f) Kara	['mar'a 'kara]
Mar (m) do Norte	Marea (f) Nordului	['mar'a 'norduluj]
Mar (m) Báltico	Marea (f) Baltică	['mar'a 'baltikə]
Mar (m) da Noruega	Marea (f) Norvegiei	['mar'a nor'vedʒiej]

79. Montanhas

montanha (f)	munte (m)	['munte]
cordilheira (f)	lanț (n) muntos	[lanʦ mun'tos]
serra (f)	lanț (n) de munți	[lanʦ de munʦ]
cume (m)	vârf (n)	[vɨrf]
pico (m)	culme (f)	['kulmə]
pé (m)	poale (f pl)	[po'ale]
declive (m)	pantă (f)	['pantə]
vulcão (m)	vulcan (n)	[vul'kan]
vulcão (m) ativo	vulcan (n) activ	[vul'kan ak'tiv]
vulcão (m) extinto	vulcan (n) stins	[vul'kan stins]
erupção (f)	erupție (f)	[e'ruptsie]
cratera (f)	crater (n)	['krater]
magma (m)	magmă (f)	['magmə]
lava (f)	lavă (f)	['lavə]
fundido (lava ~a)	încins	[in'ʧins]
cânion, desfiladeiro (m)	canion (n)	[kani'on]
garganta (f)	defileu (n)	[defi'leu]
fenda (f)	pas (n)	[pas]
passo, colo (m)	trecătoare (f)	[trekəto'are]
planalto (m)	podiş (n)	[po'diʃ]
falésia (f)	stâncă (f)	['stinkə]
colina (f)	deal (n)	['d'al]
geleira (f)	gheţar (m)	[ge'tsar]
cachoeira (f)	cascadă (f)	[kas'kadə]
gêiser (m)	gheizer (m)	['gejzer]
lago (m)	lac (n)	[lak]
planície (f)	şes (n)	[ʃəs]
paisagem (f)	peisaj (n)	[pej'saʒ]
eco (m)	ecou (n)	[e'kou]
alpinista (m)	alpinist (m)	[alpi'nist]
escalador (m)	căţărător (m)	[kəʦərə'tor]
conquistar (vt)	a cuceri	[a kuʧe'ri]
subida, escalada (f)	ascensiune (f)	[asʧensi'une]

80. Nomes de montanhas

Alpes (m pl)	Alpi (m pl)	['alpʲ]
Monte Branco (m)	Mont Blanc (m)	[mon 'blan]
Pirineus (m pl)	Pirinei (m)	[piri'nej]

Cárpatos (m pl)	Carpaţi (m pl)	[kar'patsʲ]
Urais (m pl)	Munţii (m pl) Ural	['muntsij u'ral]
Cáucaso (m)	Caucaz (m)	[kau'kaz]
Elbrus (m)	Elbrus (m)	['elbrus]

Altai (m)	Altai (m)	[al'taj]
Tian Shan (m)	Tian-Şan (m)	['tjan 'ʃan]
Pamir (m)	Pamir (m)	[pa'mir]
Himalaia (m)	Himalaya	[hima'laja]
monte Everest (m)	Everest (m)	[eve'rest]

| Cordilheira (f) dos Andes | Anzi | ['anzʲ] |
| Kilimanjaro (m) | Kilimanjaro (m) | [kiliman'ʒaro] |

81. Rios

rio (m)	râu (n)	['riu]
fonte, nascente (f)	izvor (n)	[iz'vor]
leito (m) de rio	matcă (f)	['matkə]
bacia (f)	bazin (n)	[ba'zin]
desaguar no ...	a se vărsa	[a se vər'sa]

| afluente (m) | afluent (m) | [aflu'ent] |
| margem (do rio) | mal (n) | [mal] |

corrente (f)	curs (n)	[kurs]
rio abaixo	în josul apei	[ɨn 'ʒosul 'apej]
rio acima	în susul apei	[ɨn 'susul 'apej]

inundação (f)	inundaţie (f)	[inun'datsie]
cheia (f)	revărsare (f) a apelor	[revər'sare a 'apelor]
transbordar (vi)	a se revărsa	[a se revər'sa]
inundar (vt)	a inunda	[a inun'da]

| banco (m) de areia | banc (n) de nisip | [bank de ni'sip] |
| corredeira (f) | prag (n) | [prag] |

barragem (f)	baraj (n)	[ba'raʒ]
canal (m)	canal (n)	[ka'nal]
reservatório (m) de água	bazin (n)	[ba'zin]
eclusa (f)	ecluză (f)	[e'kluzə]

corpo (m) de água	bazin (n)	[ba'zin]
pântano (m)	mlaştină (f)	['mlaʃtinə]
lamaçal (m)	mlaştină (f), smârc (n)	['mlaʃtinə], [smɨrk]
redemoinho (m)	vârtej (n) de apă	[vir'teʒ de 'apə]
riacho (m)	pârâu (n)	[pɨ'riu]

| potável (adj) | potabil | [po'tabil] |
| doce (água) | nesărat | [nesə'rat] |

| gelo (m) | gheață (f) | ['gʲatsə] |
| congelar-se (vr) | a îngheța | [a inge'tsa] |

82. Nomes de rios

| rio Sena (m) | Sena (f) | ['sena] |
| rio Loire (m) | Loara (f) | [lo'ara] |

rio Tâmisa (m)	Tamisa (f)	[ta'misa]
rio Reno (m)	Rin (m)	[rin]
rio Danúbio (m)	Dunăre (f)	['dunəre]

rio Volga (m)	Volga (f)	['volga]
rio Don (m)	Don (m)	[don]
rio Lena (m)	Lena (f)	['lena]

rio Amarelo (m)	Huang He (m)	[huan 'he]
rio Yangtzé (m)	Yangtze (m)	[jants'zɨ]
rio Mekong (m)	Mekong (m)	[me'kong]
rio Ganges (m)	Gang (m)	[gang]

rio Nilo (m)	Nil (m)	[nil]
rio Congo (m)	Congo (m)	['kongo]
rio Cubango (m)	Okavango (m)	[oka'vango]
rio Zambeze (m)	Zambezi (m)	[zam'bezi]
rio Limpopo (m)	Limpopo (m)	[limpo'po]
rio Mississippi (m)	Mississippi (m)	[misi'sipi]

83. Floresta

| floresta (f), bosque (m) | pădure (f) | [pə'dure] |
| florestal (adj) | de pădure | [de pə'dure] |

mata (f) fechada	desiş (n)	[de'siʃ]
arvoredo (m)	pădurice (f)	[pədu'ritʃe]
clareira (f)	poiană (f)	[po'janə]

| matagal (m) | tufiş (n) | [tu'fiʃ] |
| mato (m), caatinga (f) | arbust (m) | [ar'bust] |

| pequena trilha (f) | cărare (f) | [kə'rare] |
| ravina (f) | râpă (f) | ['rɨpə] |

árvore (f)	copac (m)	[ko'pak]
folha (f)	frunză (f)	['frunzə]
folhagem (f)	frunziş (n)	[frun'ziʃ]

| queda (f) das folhas | cădere (f) a frunzelor | [kə'dere a 'frunzelor] |
| cair (vi) | a cădea | [a kə'dʲa] |

topo (m)	vârf (n)	[virf]
ramo (m)	ramură (f)	['ramurə]
galho (m)	creangă (f)	['krʲangə]
botão (m)	mugur (m)	['mugur]
agulha (f)	ac (n)	[ak]
pinha (f)	con (n)	[kon]

buraco (m) de árvore	scorbură (f)	['skorburə]
ninho (m)	cuib (n)	[kujb]
toca (f)	vizuină (f)	[vizu'inə]

tronco (m)	trunchi (n)	[trunkʲ]
raiz (f)	rădăcină (f)	[rədə'ʧinə]
casca (f) de árvore	scoarță (f)	[sko'arʦə]
musgo (m)	mușchi (m)	[muʃkʲ]

arrancar pela raiz	a defrișa	[a defri'ʃa]
cortar (vt)	a tăia	[a tə'ja]
desflorestar (vt)	a doborî	[a dobo'ri]
toco, cepo (m)	buturugă (f)	[butu'rugə]

fogueira (f)	foc (n)	[fok]
incêndio (m) florestal	incendiu (n)	[in'ʧendju]
apagar (vt)	a stinge	[a 'stindʒe]

guarda-parque (m)	pădurar (m)	[pədu'rar]
proteção (f)	protecție (f)	[pro'tektsie]
proteger (a natureza)	a ocroti	[a okro'ti]
caçador (m) furtivo	braconier (m)	[brako'njer]
armadilha (f)	capcană (f)	[kap'kanə]

colher (cogumelos, bagas)	a strânge	[a 'strindʒe]
perder-se (vr)	a se rătăci	[a se rətə'ʧi]

84. Recursos naturais

recursos (m pl) naturais	resurse (f pl) naturale	[re'surse natu'rale]
minerais (m pl)	bogății (f pl) minerale	[bogə'tsij mine'rale]
depósitos (m pl)	depozite (n pl)	[de'pozite]
jazida (f)	zăcământ (n)	[zəkə'mint]

extrair (vt)	a extrage	[a eks'tradʒe]
extração (f)	obținere (f)	[ob'tsinere]
minério (m)	minereu (n)	[mine'reu]
mina (f)	mină (f)	['minə]
poço (m) de mina	puț (n)	['puts]
mineiro (m)	miner (m)	[mi'ner]

gás (m)	gaz (n)	[gaz]
gasoduto (m)	conductă (f) de gaze	[kon'duktə de 'gaze]

petróleo (m)	petrol (n)	[pe'trol]
oleoduto (m)	conductă (f) de petrol	[kon'duktə de pe'trol]
poço (m) de petróleo	sondă (f) de țiței (n)	['sondə de tsi'tsej]

torre (f) petrolífera	turlă (f) de foraj	['turlə de fo'raʒ]
petroleiro (m)	tanc (n) petrolier	['tank petro'ljer]
areia (f)	nisip (n)	[ni'sip]
calcário (m)	calcar (n)	[kal'kar]
cascalho (m)	pietriş (n)	[pe'triʃ]
turfa (f)	turbă (f)	['turbə]
argila (f)	argilă (f)	[ar'dʒilə]
carvão (m)	cărbune (m)	[kər'bune]
ferro (m)	fier (m)	[fier]
ouro (m)	aur (n)	['aur]
prata (f)	argint (n)	[ar'dʒint]
níquel (m)	nichel (n)	['nikel]
cobre (m)	cupru (n)	['kupru]
zinco (m)	zinc (n)	[zink]
manganês (m)	mangan (n)	[man'gan]
mercúrio (m)	mercur (n)	[mer'kur]
chumbo (m)	plumb (n)	[plumb]
mineral (m)	mineral (n)	[mine'ral]
cristal (m)	cristal (n)	[kris'tal]
mármore (m)	marmură (f)	['marmurə]
urânio (m)	uraniu (n)	[u'ranju]

85. Tempo

tempo (m)	timp (n)	[timp]
previsão (f) do tempo	prognoză (f) meteo	[prog'nozə 'meteo]
temperatura (f)	temperatură (f)	[tempera'turə]
termômetro (m)	termometru (n)	[termo'metru]
barômetro (m)	barometru (n)	[baro'metru]
umidade (f)	umiditate (f)	[umidi'tate]
calor (m)	caniculă (f)	[ka'nikulə]
tórrido (adj)	fierbinte	[fier'binte]
está muito calor	e foarte cald	[e fo'arte kald]
está calor	e cald	[e kald]
quente (morno)	cald	[kald]
está frio	e frig	[e frig]
frio (adj)	rece	['retʃe]
sol (m)	soare (n)	[so'are]
brilhar (vi)	a străluci	[a strəlu'tʃi]
de sol, ensolarado	însorit	[inso'rit]
nascer (vi)	a răsări	[a rəsə'ri]
pôr-se (vr)	a apune	[a a'pune]
nuvem (f)	nor (m)	[nor]
nublado (adj)	înnorat	[inno'rat]
nuvem (f) preta	nor (m)	[nor]

escuro, cinzento (adj)	mohorât	[moho'rit]
chuva (f)	ploaie (f)	[plo'ae]
está a chover	plouă	['plowə]
chuvoso (adj)	ploios	[plo'jos]
chuviscar (vi)	a bura	[a bu'ra]

chuva (f) torrencial	ploaie (f) torenţială	[plo'ae toren'tsjalə]
aguaceiro (m)	rupere (f) de nori	['rupere de 'norʲ]
forte (chuva, etc.)	puternic	[pu'ternik]
poça (f)	băltoacă (f)	[bəlto'akə]
molhar-se (vr)	a se uda	[a se u'da]

nevoeiro (m)	ceaţă (f)	['tʃatsə]
de nevoeiro	ceţos	[tʃe'tsos]
neve (f)	zăpadă (f)	[zə'padə]
está nevando	ninge	['nindʒe]

86. Tempo extremo. Catástrofes naturais

trovoada (f)	furtună (f)	[fur'tunə]
relâmpago (m)	fulger (n)	['fuldʒer]
relampejar (vi)	a fulgera	[a fuldʒe'ra]

trovão (m)	tunet (n)	['tunet]
trovejar (vi)	a tuna	[a tu'na]
está trovejando	tună	['tunə]

granizo (m)	grindină (f)	[grin'dinə]
está caindo granizo	plouă cu gheaţă	['plowə ku 'gʲatsə]

inundar (vt)	a inunda	[a inun'da]
inundação (f)	inundaţie (f)	[inun'datsie]

terremoto (m)	cutremur (n)	[ku'tremur]
abalo, tremor (m)	zguduire (f)	[zgudu'ire]
epicentro (m)	epicentru (m)	[epi'tʃentru]

erupção (f)	erupţie (f)	[e'ruptsie]
lava (f)	lavă (f)	['lavə]

tornado (m)	vârtej (n)	[vɨr'teʒ]
tornado (m)	tornadă (f)	[tor'nadə]
tufão (m)	taifun (n)	[taj'fun]

furacão (m)	uragan (m)	[ura'gan]
tempestade (f)	furtună (f)	[fur'tunə]
tsunami (m)	tsunami (n)	[tsu'nami]

ciclone (m)	ciclon (m)	[tʃi'klon]
mau tempo (m)	vreme (f) rea	['vreme rʲa]
incêndio (m)	incendiu (n)	[in'tʃendju]
catástrofe (f)	catastrofă (f)	[katas'trofə]
meteorito (m)	meteorit (m)	[meteo'rit]
avalanche (f)	avalanşă (f)	[ava'lanʃə]

deslizamento (m) de neve	prăbușire (f)	[prəbu'ʃire]
nevasca (f)	viscol (n)	['viskol]
tempestade (f) de neve	viscol (n)	['viskol]

FAUNA

87. Mamíferos. Predadores

predador (m)	**prădător** (n)	[prədə'tor]
tigre (m)	**tigru** (m)	['tigru]
leão (m)	**leu** (m)	['leu]
lobo (m)	**lup** (m)	[lup]
raposa (f)	**vulpe** (f)	['vulpe]
jaguar (m)	**jaguar** (m)	[ʒagu'ar]
leopardo (m)	**leopard** (m)	[leo'pard]
chita (f)	**ghepard** (m)	[ge'pard]
pantera (f)	**panteră** (f)	[pan'terə]
puma (m)	**pumă** (f)	['pumə]
leopardo-das-neves (m)	**ghepard** (m)	[ge'pard]
lince (m)	**râs** (m)	[ris]
coiote (m)	**coiot** (m)	[ko'jot]
chacal (m)	**şacal** (m)	[ʃa'kal]
hiena (f)	**hienă** (f)	[hi'enə]

88. Animais selvagens

animal (m)	**animal** (n)	[ani'mal]
besta (f)	**animal** (n) **sălbatic**	[ani'mal səl'batik]
esquilo (m)	**veveriţă** (f)	[veve'ritsə]
ouriço (m)	**arici** (m)	[a'ritʃi]
lebre (f)	**iepure** (m)	['jepure]
coelho (m)	**iepure** (m) **de casă**	['jepure de 'kasə]
texugo (m)	**bursuc** (m)	[bur'suk]
guaxinim (m)	**enot** (m)	[e'not]
hamster (m)	**hârciog** (m)	[hir'tʃiog]
marmota (f)	**marmotă** (f)	[mar'motə]
toupeira (f)	**cârtiţă** (f)	['kirtitsə]
rato (m)	**şoarece** (m)	[ʃo'aretʃe]
ratazana (f)	**şobolan** (m)	[ʃobo'lan]
morcego (m)	**liliac** (m)	[lili'ak]
arminho (m)	**hermină** (f)	[her'minə]
zibelina (f)	**samur** (m)	[sa'mur]
marta (f)	**jder** (m)	[ʒder]
doninha (f)	**nevăstuică** (f)	[nevəs'tujkə]
visom (m)	**nurcă** (f)	['nurkə]

castor (m)	castor (m)	['kastor]
lontra (f)	vidră (f)	['vidrə]
cavalo (m)	cal (m)	[kal]
alce (m)	elan (m)	[e'lan]
veado (m)	cerb (m)	[tʃerb]
camelo (m)	cămilă (f)	[kə'milə]
bisão (m)	bizon (m)	[bi'zon]
auroque (m)	zimbru (m)	['zimbru]
búfalo (m)	bivol (m)	['bivol]
zebra (f)	zebră (f)	['zebrə]
antílope (m)	antilopă (f)	[anti'lopə]
corça (f)	căprioară (f)	[kəprio'arə]
gamo (m)	ciută (f)	['tʃiutə]
camurça (f)	capră (f) neagră	['kaprə 'nʲagrə]
javali (m)	mistreț (m)	[mis'trets]
baleia (f)	balenă (f)	[ba'lenə]
foca (f)	focă (f)	['fokə]
morsa (f)	morsă (f)	['morsə]
urso-marinho (m)	urs (m) de mare	[urs de 'mare]
golfinho (m)	delfin (m)	[del'fin]
urso (m)	urs (m)	[urs]
urso (m) polar	urs (m) polar	[urs po'lar]
panda (m)	panda (m)	['panda]
macaco (m)	maimuță (f)	[maj'mutsə]
chimpanzé (m)	cimpanzeu (m)	[tʃimpan'zeu]
orangotango (m)	urangutan (m)	[urangu'tan]
gorila (m)	gorilă (f)	[go'rilə]
macaco (m)	macac (m)	[ma'kak]
gibão (m)	gibon (m)	[dʒi'bon]
elefante (m)	elefant (m)	[ele'fant]
rinoceronte (m)	rinocer (m)	[rino'tʃer]
girafa (f)	girafă (f)	[dʒi'rafə]
hipopótamo (m)	hipopotam (m)	[hipopo'tam]
canguru (m)	cangur (m)	['kangur]
coala (m)	koala (f)	[ko'ala]
mangusto (m)	mangustă (f)	[man'gustə]
chinchila (f)	şinşilă (f)	[ʃin'ʃilə]
cangambá (f)	sconcs (m)	[skonks]
porco-espinho (m)	porc (m) spinos	[pork spi'nos]

89. Animais domésticos

gata (f)	pisică (f)	[pi'sikə]
gato (m) macho	motan (m)	[mo'tan]
cavalo (m)	cal (m)	[kal]

| garanhão (m) | armăsar (m) | [armə'sar] |
| égua (f) | iapă (f) | ['japə] |

vaca (f)	vacă (f)	['vakə]
touro (m)	taur (m)	['taur]
boi (m)	bou (m)	['bou]

ovelha (f)	oaie (f)	[o'ae]
carneiro (m)	berbec (m)	[ber'bek]
cabra (f)	capră (f)	['kaprə]
bode (m)	țap (m)	[tsap]

| burro (m) | măgar (m) | [mə'gar] |
| mula (f) | catâr (m) | [ka'tɨr] |

porco (m)	porc (m)	[pork]
leitão (m)	purcel (m)	[pur'tʃel]
coelho (m)	iepure (m) de casă	['jepure de 'kasə]

| galinha (f) | găină (f) | [gə'inə] |
| galo (m) | cocoş (m) | [ko'koʃ] |

pata (f), pato (m)	raţă (f)	['ratsə]
pato (m)	răţoi (m)	[rə'tsoj]
ganso (m)	gâscă (f)	['gɨskə]

| peru (m) | curcan (m) | [kur'kan] |
| perua (f) | curcă (f) | ['kurkə] |

animais (m pl) domésticos	animale (n pl) domestice	[ani'male do'mestitʃe]
domesticado (adj)	domestic	[do'mestik]
domesticar (vt)	a domestici	[a domesti'tʃi]
criar (vt)	a creşte	[a 'kreʃte]

fazenda (f)	fermă (f)	['fermə]
aves (f pl) domésticas	păsări (f pl) de curte	[pəsərʲ de 'kurte]
gado (m)	vite (f pl)	['vite]
rebanho (m), manada (f)	turmă (f)	['turmə]

estábulo (m)	grajd (n)	[graʒd]
chiqueiro (m)	cocină (f) de porci	[ko'tʃinə de 'portʃi]
estábulo (m)	grajd (n) pentru vaci	['graʒd 'pentru 'vatʃi]
coelheira (f)	cuşcă (f) pentru iepuri	['kuʃkə 'pentru 'epurʲ]
galinheiro (m)	coteţ (n) de găini	[ko'tets de gə'inʲ]

90. Pássaros

pássaro (m), ave (f)	pasăre (f)	['pasəre]
pombo (m)	porumbel (m)	[porum'bel]
pardal (m)	vrabie (f)	['vrabie]
chapim-real (m)	piţigoi (m)	[pitsi'goj]
pega-rabuda (f)	coţofană (f)	[kotso'fanə]
corvo (m)	corb (m)	[korb]
gralha-cinzenta (f)	cioară (f)	[tʃio'arə]

gralha-de-nuca-cinzenta (f)	stancă (f)	['stankə]
gralha-calva (f)	cioară (f) de câmp	[tʃio'arə de 'kimp]
pato (m)	rață (f)	['ratsə]
ganso (m)	gâscă (f)	['giskə]
faisão (m)	fazan (m)	[fa'zan]
águia (f)	acvilă (f)	['akvilə]
açor (m)	uliu (m)	['ulju]
falcão (m)	şoim (m)	[ʃojm]
abutre (m)	vultur (m)	['vultur]
condor (m)	condor (m)	[kon'dor]
cisne (m)	lebădă (f)	['lebədə]
grou (m)	cocor (m)	[ko'kor]
cegonha (f)	cocostârc (m)	[kokos'tirk]
papagaio (m)	papagal (m)	[papa'gal]
beija-flor (m)	pasărea (f) colibri	['pasərʲa ko'libri]
pavão (m)	păun (m)	[pə'un]
avestruz (m)	struț (m)	[struts]
garça (f)	stârc (m)	[stirk]
flamingo (m)	flamingo (m)	[fla'mingo]
pelicano (m)	pelican (m)	[peli'kan]
rouxinol (m)	privighetoare (f)	[privigeto'are]
andorinha (f)	rândunică (f)	[rindu'nikə]
tordo-zornal (m)	mierlă (f)	['merlə]
tordo-músico (m)	sturz-cântător (m)	[sturz kintə'tor]
melro-preto (m)	mierlă (f) sură	['merlə 'surə]
andorinhão (m)	lăstun (m)	[ləs'tun]
cotovia (f)	ciocârlie (f)	[tʃiokir'lie]
codorna (f)	prepeliță (f)	[prepe'litsə]
pica-pau (m)	ciocănitoare (f)	[tʃiokənito'are]
cuco (m)	cuc (m)	[kuk]
coruja (f)	bufniță (f)	['bufnitsə]
bufo-real (m)	buha mare (f)	['buhə 'mare]
tetraz-grande (m)	cocoş (m) de munte	[ko'koʃ de 'munte]
tetraz-lira (m)	cocoş (m) sălbatic	[ko'koʃ səlba'tik]
perdiz-cinzenta (f)	potârniche (f)	[potir'nike]
estorninho (m)	graur (m)	['graur]
canário (m)	canar (m)	[ka'nar]
galinha-do-mato (f)	găinuşă de alun (f)	[gəi'nuʃə de a'lun]
tentilhão (m)	cinteză (f)	[tʃin'tezə]
dom-fafe (m)	botgros (m)	[bot'gros]
gaivota (f)	pescăruş (m)	[peskə'ruʃ]
albatroz (m)	albatros (m)	[alba'tros]
pinguim (m)	pinguin (m)	[pigu'in]

91. Peixes. Animais marinhos

brema (f)	plătică (f)	[plə'tikə]
carpa (f)	crap (m)	[krap]
perca (f)	biban (m)	[bi'ban]
siluro (m)	somn (m)	[somn]
lúcio (m)	ştiucă (f)	['ʃtjukə]
salmão (m)	somon (m)	[so'mon]
esturjão (m)	nisetru (m)	[ni'setru]
arenque (m)	scrumbie (f)	[skrum'bie]
salmão (m) do Atlântico	somon (m)	[so'mon]
cavala, sarda (f)	macrou (n)	[ma'krou]
solha (f), linguado (m)	cambulă (f)	[kam'bulə]
lúcio perca (m)	şalău (m)	[ʃa'ləu]
bacalhau (m)	batog (m)	[ba'tog]
atum (m)	ton (m)	[ton]
truta (f)	păstrăv (m)	[pəs'trəv]
enguia (f)	ţipar (m)	[tsi'par]
raia (f) elétrica	peşte-torpilă (m)	['peʃte tor'pilə]
moreia (f)	murenă (f)	[mu'renə]
piranha (f)	piranha (f)	[pi'ranija]
tubarão (m)	rechin (m)	[re'kin]
golfinho (m)	delfin (m)	[del'fin]
baleia (f)	balenă (f)	[ba'lenə]
caranguejo (m)	crab (m)	[krab]
água-viva (f)	meduză (f)	[me'duzə]
polvo (m)	caracatiţă (f)	[kara'katitsə]
estrela-do-mar (f)	stea de mare (f)	[st'a de 'mare]
ouriço-do-mar (m)	arici de mare (m)	[a'ritʃi de 'mare]
cavalo-marinho (m)	căluţ (m) de mare (f)	[ka'luts de 'mare]
ostra (f)	stridie (f)	['stridie]
camarão (m)	crevetă (f)	[kre'vetə]
lagosta (f)	stacoj (m)	[sta'koʒ]
lagosta (f)	langustă (f)	[lan'gustə]

92. Anfíbios. Répteis

cobra (f)	şarpe (m)	['ʃarpe]
venenoso (adj)	veninos	[veni'nos]
víbora (f)	viperă (f)	['viperə]
naja (f)	cobră (f)	['kobrə]
píton (m)	piton (m)	[pi'ton]
jiboia (f)	şarpe (m) boa	['ʃarpe bo'a]
cobra-de-água (f)	şarpe (m) de casă	['ʃarpe de 'kasə]

cascavel (f)	şarpe (m) cu clopoţei	['ʃarpe ku klopo'tsej]
anaconda (f)	anacondă (f)	[ana'kondə]
lagarto (m)	şopârlă (f)	[ʃo'pirlə]
iguana (f)	iguană (f)	[igu'anə]
varano (m)	şopârlă (f)	[ʃo'pirlə]
salamandra (f)	salamandră (f)	[sala'mandrə]
camaleão (m)	cameleon (m)	[kamele'on]
escorpião (m)	scorpion (m)	[skorpi'on]
tartaruga (f)	broască (f) ţestoasă	[bro'askə tsesto'asə]
rã (f)	broască (f)	[bro'askə]
sapo (m)	broască (f) râioasă	[bro'askə rijo'asə]
crocodilo (m)	crocodil (m)	[kroko'dil]

93. Insetos

inseto (m)	insectă (f)	[in'sektə]
borboleta (f)	fluture (m)	['fluture]
formiga (f)	furnică (f)	[fur'nikə]
mosca (f)	muscă (f)	['muskə]
mosquito (m)	ţânţar (m)	[tsin'tsar]
escaravelho (m)	gândac (m)	[gin'dak]
vespa (f)	viespe (f)	['vespe]
abelha (f)	albină (f)	[al'binə]
mamangaba (f)	bondar (m)	[bon'dar]
moscardo (m)	tăun (m)	[tə'un]
aranha (f)	păianjen (m)	[pə'janʒen]
teia (f) de aranha	pânză (f) de păianjen	['pinzə de pə'janʒen]
libélula (f)	libelulă (f)	[libe'lulə]
gafanhoto (m)	greier (m)	['greer]
traça (f)	fluture (m)	['fluture]
barata (f)	gândac (m)	[gin'dak]
carrapato (m)	căpuşă (f)	[kə'puʃə]
pulga (f)	purice (m)	['puritʃe]
borrachudo (m)	musculiţă (f)	[musku'litsə]
gafanhoto (m)	lăcustă (f)	[lə'kustə]
caracol (m)	melc (m)	[melk]
grilo (m)	greier (m)	['greer]
pirilampo, vaga-lume (m)	licurici (m)	[liku'ritʃi]
joaninha (f)	buburuză (f)	[bubu'ruzə]
besouro (m)	cărăbuş (m)	[kərə'buʃ]
sanguessuga (f)	lipitoare (f)	[lipito'are]
lagarta (f)	omidă (f)	[o'midə]
minhoca (f)	vierme (m)	['verme]
larva (f)	larvă (f)	['larvə]

FLORA

94. Árvores

árvore (f)	copac (m)	[ko'pak]
decídua (adj)	foios	[fo'jos]
conífera (adj)	conifer	[koni'fere]
perene (adj)	veşnic verde	['veʃnik 'verde]
macieira (f)	măr (m)	[mər]
pereira (f)	păr (m)	[pər]
cerejeira (f)	cireş (m)	[ʧi'reʃ]
ginjeira (f)	vişin (m)	['viʃin]
ameixeira (f)	prun (m)	[prun]
bétula (f)	mesteacăn (m)	[mes'tʲakən]
carvalho (m)	stejar (m)	[ste'ʒar]
tília (f)	tei (m)	[tej]
choupo-tremedor (m)	plop tremurător (m)	['plop tremurə'tor]
bordo (m)	arţar (m)	[ar'ʦar]
espruce (m)	brad (m)	[brad]
pinheiro (m)	pin (m)	[pin]
alerce, lariço (m)	zadă (f)	['zadə]
abeto (m)	brad (m) alb	['brad 'alb]
cedro (m)	cedru (m)	['ʧedru]
choupo, álamo (m)	plop (m)	[plop]
tramazeira (f)	sorb (m)	[sorb]
salgueiro (m)	salcie (f)	['salʧie]
amieiro (m)	arin (m)	[a'rin]
faia (f)	fag (m)	[fag]
ulmeiro, olmo (m)	ulm (m)	[ulm]
freixo (m)	frasin (m)	['frasin]
castanheiro (m)	castan (m)	[kas'tan]
magnólia (f)	magnolie (f)	[mag'nolie]
palmeira (f)	palmier (m)	[palmi'er]
cipreste (m)	chiparos (m)	[kipa'ros]
mangue (m)	manglier (m)	[mangli'jer]
embondeiro, baobá (m)	baobab (m)	[bao'bab]
eucalipto (m)	eucalipt (m)	[euka'lipt]
sequoia (f)	secvoia (m)	[sek'voja]

95. Arbustos

arbusto (m)	tufă (f)	['tufə]
arbusto (m), moita (f)	arbust (m)	[ar'bust]

videira (f)	viţă (f) de vie	['vitsə de 'vie]
vinhedo (m)	vie (f)	['vie]
framboeseira (f)	zmeură (f)	['zmeurə]
groselheira-vermelha (f)	coacăz (m) roşu	[ko'akəz 'roʃu]
groselheira (f) espinhosa	agriş (m)	[a'griʃ]
acácia (f)	salcâm (m)	[sal'kɨm]
bérberis (f)	lemn (m) galben	['lemn 'galben]
jasmim (m)	iasomie (f)	[jaso'mie]
junípero (m)	ienupăr (m)	[je'nupər]
roseira (f)	tufă (f) de trandafir	['tufə de tranda'fir]
roseira (f) brava	măceş (m)	[mə'tʃeʃ]

96. Frutos. Bagas

maçã (f)	măr (n)	[mər]
pera (f)	pară (f)	['parə]
ameixa (f)	prună (f)	['prunə]
morango (m)	căpşună (f)	[kəp'ʃunə]
ginja (f)	vişină (f)	['viʃinə]
cereja (f)	cireaşă (f)	[tʃi'rʲaʃə]
uva (f)	struguri (m pl)	['strugurʲ]
framboesa (f)	zmeură (f)	['zmeurə]
groselha (f) negra	coacăză (f) neagră	[ko'akəzə 'nʲagrə]
groselha (f) vermelha	coacăză (f) roşie	[ko'akəzə 'roʃie]
groselha (f) espinhosa	agrişă (f)	[a'griʃə]
oxicoco (m)	răchiţele (f pl)	[rəki'tsele]
laranja (f)	portocală (f)	[porto'kalə]
tangerina (f)	mandarină (f)	[manda'rinə]
abacaxi (m)	ananas (m)	[ana'nas]
banana (f)	banană (f)	[ba'nanə]
tâmara (f)	curmală (f)	[kur'malə]
limão (m)	lămâie (f)	[lə'mie]
damasco (m)	caisă (f)	[ka'isə]
pêssego (m)	piersică (f)	['pjersikə]
quiuí (m)	kiwi (n)	['kivi]
toranja (f)	grepfrut (n)	['grepfrut]
baga (f)	boabă (f)	[bo'abə]
bagas (f pl)	fructe (n pl) de pădure	['frukte de pə'dure]
arando (m) vermelho	merişor (m)	[meri'ʃor]
morango-silvestre (m)	frag (m)	[frag]
mirtilo (m)	afină (f)	[a'finə]

97. Flores. Plantas

flor (f)	floare (f)	[flo'are]
buquê (m) de flores	buchet (n)	[bu'ket]

rosa (f)	trandafir (m)	[tranda'fir]
tulipa (f)	lalea (f)	[la'lʲa]
cravo (m)	garoafă (f)	[garo'afə]
gladíolo (m)	gladiolă (f)	[gladi'olə]

centáurea (f)	albăstrea (f)	[albəs'trʲa]
campainha (f)	clopoţel (m)	[klopo'ʦel]
dente-de-leão (m)	păpădie (f)	[pəpə'die]
camomila (f)	romaniţă (f)	[roma'niʦə]

aloé (m)	aloe (f)	[a'loe]
cacto (m)	cactus (m)	['kaktus]
fícus (m)	ficus (m)	['fikus]

lírio (m)	crin (m)	[krin]
gerânio (m)	muşcată (f)	[muʃ'katə]
jacinto (m)	zambilă (f)	[zam'bilə]

mimosa (f)	mimoză (f)	[mi'mozə]
narciso (m)	narcisă (f)	[nar'ʧisə]
capuchinha (f)	condurul-doamnei (m)	[kon'durul do'amnej]

orquídea (f)	orhidee (f)	[orhi'dee]
peônia (f)	bujor (m)	[bu'ʒor]
violeta (f)	toporaş (m)	[topo'raʃ]

amor-perfeito (m)	pansele (f)	[pan'sele]
não-me-esqueças (m)	nu-mă-uita (f)	[nu mə uj'ta]
margarida (f)	margaretă (f)	[marga'retə]

papoula (f)	mac (m)	[mak]
cânhamo (m)	cânepă (f)	['kinepə]
hortelã, menta (f)	mentă (f)	['mentə]

lírio-do-vale (m)	lăcrămioară (f)	[ləkrəmjo'arə]
campânula-branca (f)	ghiocel (m)	[gio'ʧel]

urtiga (f)	urzică (f)	[ur'zikə]
azedinha (f)	măcriş (m)	[mə'kriʃ]
nenúfar (m)	nufăr (m)	['nufər]
samambaia (f)	ferigă (f)	['ferigə]
líquen (m)	lichen (m)	[li'ken]

estufa (f)	seră (f)	['serə]
gramado (m)	gazon (n)	[ga'zon]
canteiro (m) de flores	strat (n) de flori	[strat de 'florʲ]

planta (f)	plantă (f)	['plantə]
grama (f)	iarbă (f)	['jarbə]
folha (f) de grama	fir (n) de iarbă	[fir de 'jarbə]

folha (f)	frunză (f)	['frunzə]
pétala (f)	petală (f)	[pe'talə]
talo (m)	tulpină (f)	[tul'pinə]
tubérculo (m)	tubercul (m)	[tu'berkul]
broto, rebento (m)	mugur (m)	['mugur]

espinho (m)	ghimpe (m)	['gimpe]
florescer (vi)	a înflori	[a înflo'ri]
murchar (vi)	a se ofili	[a se ofe'li]
cheiro (m)	miros (n)	[mi'ros]
cortar (flores)	a tăia	[a tə'ja]
colher (uma flor)	a rupe	[a 'rupe]

98. Cereais, grãos

grão (m)	grăunţe (n pl)	[grə'unʦe]
cereais (plantas)	cereale (f pl)	[ʧere'ale]
espiga (f)	spic (n)	[spik]

trigo (m)	grâu (n)	['griu]
centeio (m)	secară (f)	[se'karə]
aveia (f)	ovăz (n)	[ovəz]
painço (m)	mei (m)	[mej]
cevada (f)	orz (n)	[orz]

milho (m)	porumb (m)	[po'rumb]
arroz (m)	orez (n)	[o'rez]
trigo-sarraceno (m)	hrişcă (f)	['hriʃkə]

ervilha (f)	mazăre (f)	['mazəre]
feijão (m) roxo	fasole (f)	[fa'sole]
soja (f)	soia (f)	['soja]
lentilha (f)	linte (n)	['linte]
feijão (m)	boabe (f pl)	[bo'abe]

PAÍSES DO MUNDO

99. Países. Parte 1

Afeganistão (m)	Afganistan (n)	[afganis'tan]
África (f) do Sul	Africa de Sud (f)	['afrika de sud]
Albânia (f)	Albania (f)	[al'banija]
Alemanha (f)	Germania (f)	[dʒer'manija]
Arábia (f) Saudita	Arabia (f) Saudită	[a'rabia sau'ditə]
Argentina (f)	Argentina (f)	[arʒen'tina]
Armênia (f)	Armenia (f)	[ar'menia]
Austrália (f)	Australia (f)	[au'stralia]
Áustria (f)	Austria (f)	[a'ustrija]
Azerbaijão (m)	Azerbaidjan (m)	[azerbaj'dʒan]
Bahamas (f pl)	Insulele (f pl) Bahamas	['insulele ba'hamas]
Bangladesh (m)	Bangladeş (m)	[bangla'deʃ]
Bélgica (f)	Belgia (f)	['beldʒia]
Belarus	Belarus (f)	[bela'rus]
Bolívia (f)	Bolivia (f)	[bo'livia]
Bósnia e Herzegovina (f)	Bosnia şi Herţegovina (f)	['bosnia ʃi hertsego'vina]
Brasil (m)	Brazilia (f)	[bra'zilia]
Bulgária (f)	Bulgaria (f)	[bul'garia]
Camboja (f)	Cambodgia (f)	[kam'bodʒia]
Canadá (m)	Canada (f)	[ka'nada]
Cazaquistão (m)	Kazahstan (n)	[kazah'stan]
Chile (m)	Chile (n)	['tʃile]
China (f)	China (f)	['kina]
Chipre (m)	Cipru (n)	['tʃipru]
Colômbia (f)	Columbia (f)	[ko'lumbia]
Coreia (f) do Norte	Coreea (f) de Nord	[ko'rea de 'nord]
Coreia (f) do Sul	Coreea (f) de Sud	[ko'rea de 'sud]
Croácia (f)	Croaţia (f)	[kro'atsia]
Cuba (f)	Cuba (f)	['kuba]
Dinamarca (f)	Danemarca (f)	[dane'marka]
Egito (m)	Egipt (n)	[e'dʒipt]
Emirados Árabes Unidos	Emiratele (n pl) Arabe Unite	[emi'ratele a'rabe u'nite]
Equador (m)	Ecuador (m)	[ekua'dor]
Escócia (f)	Scoţia (f)	['skotsia]
Eslováquia (f)	Slovacia (f)	[slo'vatʃia]
Eslovênia (f)	Slovenia (f)	[slo'venia]
Espanha (f)	Spania (f)	['spania]
Estados Unidos da América	Statele (n pl) Unite ale Americii	['statele u'nite 'ale a'meritʃij]
Estônia (f)	Estonia (f)	[es'tonia]
Finlândia (f)	Finlanda (f)	[fin'landa]
França (f)	Franţa (f)	['frantsa]

100. Países. Parte 2

Gana (f)	Ghana (f)	['gana]
Geórgia (f)	Georgia (f)	['dʒordʒia]
Grã-Bretanha (f)	Marea Britanie (f)	['marʲa bri'tanie]
Grécia (f)	Grecia (f)	['gretʃia]
Haiti (m)	Haiti (n)	[ha'iti]
Hungria (f)	Ungaria (f)	[un'garia]
Índia (f)	India (f)	['india]
Indonésia (f)	Indonezia (f)	[indo'nezia]
Inglaterra (f)	Anglia (f)	['anglija]
Irã (m)	Iran (n)	[i'ran]
Iraque (m)	Irak (n)	[i'rak]
Irlanda (f)	Irlanda (f)	[ir'landa]
Islândia (f)	Islanda (f)	[is'landa]
Israel (m)	Israel (n)	[isra'el]
Itália (f)	Italia (f)	[i'talia]
Jamaica (f)	Jamaica (f)	[ʒa'majka]
Japão (m)	Japonia (f)	[ʒa'ponia]
Jordânia (f)	Iordania (f)	[jor'dania]
Kuwait (m)	Kuweit (n)	[kuve'it]
Laos (m)	Laos (n)	['laos]
Letônia (f)	Letonia (f)	[le'tonia]
Líbano (m)	Liban (n)	[li'ban]
Líbia (f)	Libia (f)	['libia]
Liechtenstein (m)	Liechtenstein (m)	[lihten'ʃtajn]
Lituânia (f)	Lituania (f)	[litu'ania]
Luxemburgo (m)	Luxemburg (m)	[luksem'burg]
Macedônia (f)	Macedonia (f)	[matʃe'donia]
Madagascar (m)	Madagascar (n)	[madagas'kar]
Malásia (f)	Malaezia (f)	[mala'ezia]
Malta (f)	Malta (f)	['malta]
Marrocos	Maroc (n)	[ma'rok]
México (m)	Mexic (n)	['meksik]
Birmânia (f)	Myanmar (m)	[mjan'mar]
Moldávia (f)	Moldova (f)	[mol'dova]
Mônaco (m)	Monaco (m)	[mo'nako]
Mongólia (f)	Mongolia (f)	[mon'golia]
Montenegro (m)	Muntenegru (m)	[munte'negru]
Namíbia (f)	Namibia (f)	[na'mibia]
Nepal (m)	Nepal (n)	[ne'pal]
Noruega (f)	Norvegia (f)	[nor'vedʒia]
Nova Zelândia (f)	Noua Zeelandă (f)	['nowa zee'landə]

101. Países. Parte 3

Países Baixos (m pl)	Ţările de Jos (f pl)	['tsərile de ʒos]
Palestina (f)	Palestina (f)	[pales'tina]

Panamá (m)	**Panama** (f)	[pana'ma]
Paquistão (m)	**Pakistan** (n)	[paki'stan]
Paraguai (m)	**Paraguay** (n)	[paragu'aj]
Peru (m)	**Peru** (n)	['peru]
Polinésia (f) Francesa	**Polinezia** (f)	[poli'nezia]
Polônia (f)	**Polonia** (f)	[po'lonia]
Portugal (m)	**Portugalia** (f)	[portu'galia]
Quênia (f)	**Kenia** (f)	['kenia]
Quirguistão (m)	**Kîrgîzstan** (m)	[kirgiz'stan]
República (f) Checa	**Cehia** (f)	['ʧehija]
República Dominicana	**Republica** (f) **Dominicană**	[re'publika domini'kanə]
Romênia (f)	**România** (f)	[rominia]
Rússia (f)	**Rusia** (f)	['rusia]
Senegal (m)	**Senegal** (n)	[sene'gal]
Sérvia (f)	**Serbia** (f)	['serbija]
Síria (f)	**Siria** (f)	['sirija]
Suécia (f)	**Suedia** (f)	[su'edia]
Suíça (f)	**Elveţia** (f)	[el'vetsia]
Suriname (m)	**Surinam** (n)	[suri'nam]
Tailândia (f)	**Thailanda** (f)	[taj'landa]
Taiwan (m)	**Taiwan** (m)	[taj'van]
Tajiquistão (m)	**Tadjikistan** (m)	[tadʒiki'stan]
Tanzânia (f)	**Tanzania** (f)	[tan'zania]
Tasmânia (f)	**Tasmania** (f)	[tas'mania]
Tunísia (f)	**Tunisia** (f)	[tu'nisia]
Turquemenistão (m)	**Turkmenistan** (n)	[turkmeni'stan]
Turquia (f)	**Turcia** (f)	['turʧia]
Ucrânia (f)	**Ucraina** (f)	[ukra'ina]
Uruguai (m)	**Uruguay** (n)	[urugu'aj]
Uzbequistão (f)	**Uzbekistan** (n)	[uzbeki'stan]
Vaticano (m)	**Vatican** (m)	[vati'kan]
Venezuela (f)	**Venezuela** (f)	[venezu'ela]
Vietnã (m)	**Vietnam** (n)	[viet'nam]
Zanzibar (m)	**Zanzibar** (n)	[zanzi'bar]

www.ingramcontent.com/pod-product-compliance
Lightning Source LLC
Chambersburg PA
CBHW060034050426
42448CB00012B/3001